Organisationen gestalten

Stefan Kühl · Judith Muster

Organisationen gestalten

Eine kurze organisationstheoretisch informierte Handreichung

 Springer VS

Stefan Kühl

Metaplan
Quickborn, Deutschland

Universität Bielefeld
Bielefeld, Deutschland

Judith Muster

Metaplan
Quickborn, Deutschland

Universität Potsdam
Potsdam, Deutschland

ISBN 978-3-658-12587-5   ISBN 978-3-658-12588-2 (eBook)
DOI 10.1007/978-3-658-12588-2

Die Deutsche Nationalbibliothek verzeichnet diese Publikation in der Deutschen Nationalbibliografie; detaillierte bibliografische Daten sind im Internet über http://dnb.d-nb.de abrufbar.

Springer VS

Lektorat: Katrin Emmerich, Jennifer Ott

Gedruckt auf säurefreiem und chlorfrei gebleichtem Papier

Springer VS ist Teil von Springer Nature
Die eingetragene Gesellschaft ist Springer Fachmedien Wiesbaden GmbH

Inhalt

3   Wie kann man Organisationsstrukturen gestalten? | 43

4   Zum Arbeiten mit Latenzen – Fazit | 63

Vorwort

Dieses Buch steht für einen Paradigmenwechsel im Management von Organisationen. Die Vorstellung, dass Organisationen sich wie Maschinen führen und optimieren lassen, dominiert zwar immer noch die Fantasie vieler Manager und Berater, hat in den letzten Jahrzehnten aber stark an Plausibilität eingebüßt. Nicht nur an den Ergebnissen der Organisationsforschung, sondern besonders auch in den Berichten aus der alltäglichen Organisationspraxis lässt sich erkennen, dass Organisationen nicht wie Trivialmaschinen funktionieren, bei denen man sicher weiß, welcher Output bei einem bestimmten Input am Ende herauskommt. Aber auch wenn es inzwischen zu den Lippenbekenntnissen von Managern und Beratern gehört, Organisationen als »komplex«, »nicht-trivial« oder »chaotisch« zu bezeichnen, dominiert in der Literatur zum Change Management in Organisationen doch immer noch die zweckrationale Sichtweise auf die Organisation.

In Kontrast zu dieser Literatur wollen wir zeigen, wie die Gestaltung von Organisationen jenseits dieses sich am Maschinenmodell orientierenden Verständnisses von Organisationen aussehen kann. Nicht die vermeintliche »Best Practice« anderer Unternehmen sollte Ansatzpunkt für eine Veränderung sein, sondern vielmehr die Möglichkeiten, die in der eigenen Organisation liegen. Wir zeigen, dass es dabei nicht vorrangig um die Herausarbeitung der in der Regel gut sichtbaren »Kernkompetenzen« der Organisation geht, sondern besonders um die Entwicklung verdeckter, schwer kommunizierbarer Möglichkeiten der Organisation. Durch die Bildung von Strukturen entstehen – so der Ausgangspunkt der hier vorgestellten Vorgehensweise – in Organisationen zwangsläufig blinde Flecken (Beobachtungslatenzen). Diese blinden Flecken sind nicht prinzipiell unzugänglich, sondern können durch Fremdbeobachtungen für Veränderungsprozesse in Organisationen genutzt werden. Die Herausforderung in Veränderungsprozessen besteht besonders darin, dass, selbst wenn blinde Flecken sichtbar gemacht werden, diese nicht ohne Weiteres in der Organisation kommunizierbar sind. Das Ansprechen dieser Tabus (Kommunikationslatenzen) in einem geschützten Rahmen kann interessantes Material für die Gestaltung von Organisationen liefern.

Wir ordnen unseren Fokus auf blinde Flecken und Tabus in ein grundlegendes systemtheoretisch informiertes Verständnis von Organisationen ein. Dafür wird von uns zu Beginn definiert, was man unter einer Organisation versteht und was ihre zentralen Strukturtypen sind (Kapitel 1). Im Anschluss daran wird von uns dargestellt, weswegen unter dem Begriff des Designs von Organisationen immer noch ein am Zweck-Mittel-Schema orientiertes Vorgehen bei der Gestaltung von Organisationen dominiert und wo aus der Perspektive der modernen Organisationsforschung die Grenzen dieser Vorgehensweise liegen (Kapitel 2). Aufbauend auf Überlegungen zur Rolle von Rationalitätslücken, blinden Flecken und Latenzen beschreiben wir dann ausführlich eine alternative Vorgehensweise bei der Gestaltung von Organisationen (Kapitel 3). In einem Fazit werden abschließend die Möglichkeiten und Grenzen einer solchen alternativen Vorgehensweise diskutiert (Kapitel 4).

Die hier dargestellte Vorgehensweise zur Gestaltung von Organisationen beruht auf unseren langjährigen Erfahrungen bei der Unterstützung von Unternehmen, Verwaltungen, Universitäten, Krankenhäusern und Non-Profit-Organisationen. Auch wenn dieses Buch aus der praktischen Arbeit bei der Führung von Projekten heraus entstanden ist und es sich vorrangig an Praktikerinnen und Praktiker in Organisationen richtet, haben wir den Anspruch, dass unsere Vorgehensweise mit Einsichten neuerer Ansätze der Organisationstheorie – besonders der systemtheoretischen Organisationsforschung – abgestimmt ist.

Wir wollen dabei die grundlegend unterschiedlichen Denkweisen und Verwertungszusammenhänge von Organisationstheorie auf der einen Seite und Organisationspraxis auf der anderen Seite nicht kaschieren. Die »Kommunikationsbarrieren« zwischen Organisationstheorie einerseits und Organisationspraxis andererseits gibt es zwangsläufig, wenn Organisationswissenschaftler ihre theoretischen Ansprüche aufrechterhalten und Organisationspraktiker sich vorrangig um den ganz realen Alltag in ihren Organisationen kümmern wollen. Trotz dieser unüberwindbaren Differenz ist unser Anspruch jedoch, eine in der Praxis erprobte Vorgehensweise so zu präsentieren, dass wir uns nicht sofort wegen eines verkürzten Organisationsverständnisses das mitleidige Lächeln einschlägiger Wissenschaftler einhandeln. Und auch wenn wir uns vorrangig an Praktiker richten, so mag es doch sein, dass Organisationswissenschaftler vielleicht die eine oder andere interessante Abweichung von dem klassischen systemtheoretischen Verständnis finden, zum Beispiel bei der Unterscheidung der drei Seiten der Organisation, der Strukturmatrix und der Differenzierung von Beobachtungs- und Kommunikationslatenzen.

Dieses Buch ist Teil einer kleinen Reihe, in der wir für Praktikerinnen und Praktiker vor dem Hintergrund moderner Organisationstheorien die Essentials für das Management von Organisationen darstellen. Neben diesem Band »Organisationen gestalten« erscheinen parallel Bücher zu den Themen »Projekte führen«, »Strategien entwickeln«, »Leitbilder erarbeiten« und »Märkte explorieren«. In einem Essential über »Laterales Führen« stellen wir vor, in welcher Form Macht, Verständigung und Vertrauen bei der Gestaltung von Organisationen wirken. Weil wir diese Bücher »in einem Guss« geschrieben haben, werden aufmerksam Lesende zwischen den Büchern immer wieder verwandte Gedankengänge und ähnliche Formulierungen finden. Diese Überschneidungen werden von uns bewusst eingesetzt, um die Einheitlichkeit des zugrunde liegenden Gedankengebäudes und die Verbindungen zwischen den verschiedenen Büchern hervorzuheben.

Wir halten nichts davon, Texte für Manager und Berater mit Bullet Points, Executive Summaries, grafischen Darstellungen des Textflusses oder gar mit Übungsaufgaben zu »vereinfachen«. In vielen Fällen unterfordern diese unterstützenden Mittel die Leserinnen und Leser, weil davon ausgegangen wird, dass sie ohne diese Hilfsmittel nicht in der Lage seien, die zentralen Gedanken aus einem Text herauszuziehen. Wir nutzen in diesem Buch – genauso wie in allen anderen unserer Bücher in der Essentials-Reihe – deswegen neben einigen sehr sparsam eingesetzten Grafiken lediglich ein einziges Element, das die Lektüre des Buches erleichtert: kleine Kästen. Hier werden Beispiele angeführt, die unsere Gedanken illustrieren, und ausführlich Anschlüsse an die Organisationstheorie markiert. Wer wenig Zeit hat oder sich für diese Aspekte nicht interessiert, kann auf die Lektüre dieser Kästen verzichten, ohne dass dadurch der rote Faden verloren geht.

Die organisationstheoretischen Grundlagen hinter diesem Konzept finden sich in meinem Buch »Organisationen. Eine sehr kurze Einführung« (Kühl 2011). Besonders das erste Kapitel, in dem dargestellt wird, was man unter Organisationen eigentlich versteht und was die Struktur von Organisationen ausmacht, baut auf diesem Buch auf. Die Überlegungen zu dieser Vorgehensweise haben wir erstmals in einer Reihe von Artikeln zur Nutzung von blinden Flecken, Tabus und Rationalitätslücken bei der Gestaltung von Organisationen formuliert (siehe Kühl 1998; Kühl 2005 und Kühl 2010). Den Unterschied zwischen Beobachtungs- und Kommunikationslatenz bei der Gestaltung von Organisationen haben wir in einem Artikel ausführlich herausgearbeitet (Kühl 2009). Wer sich für empirische Untersuchungen interessiert, die mit den hier vorgestellten Unterscheidungen arbeiten, kann diese im Buch »Sisyphos im Management. Die vergebliche Suche nach der optimalen Organisationsstruktur« nachlesen (Kühl 2015b).

Dieses Buch wurde im Rahmen des Metaplan-Qualifizierungsprogramms »Führen und Beraten im Diskurs« entwickelt. Den Teilnehmerinnen und Teilnehmern der verschiedenen Jahrgänge, die die hier vorgestellte Vorgehensweise nicht nur immer wieder kritisch hinterfragt haben, sondern auch ihre Erfahrungen aus der Praxis zurückgespielt haben, sei genauso für die vielfältigen Inputs gedankt wie den Organisationswissenschaftlern, die in den letzten Jahrzehnten die Praxis von Metaplan immer wieder kritisch reflektiert und kommentiert haben.

1 Die Organisation – was ist das, und wie kann man sie begreifen? – Einleitung

Der Begriff »Organisation« wird in der Regel sehr schnell und unüberlegt benutzt. Wir nutzen die Wörter »organisieren« oder »Organisation« häufig, um eine auf einen Zweck ausgerichtete planmäßige Regelung von Vorgängen zu beschreiben. Von »organisieren« oder »Organisation« wird gesprochen, wenn verschiedene voneinander unabhängige Handlungen in eine sinnvolle Abfolge gebracht werden und so »vernünftige Ergebnisse« erzielt werden (Weick 1985, S. 11). Ganz selbstverständlich sprechen wir von der »Organisation« einer Familienfeier, der »Organisation« von Lebensmitteln auf dem Schwarzmarkt oder der »Organisation« einer Runde Getränke in einer überfüllten Kneipe.

In diesem breiten Verständnis von Organisation wird fast immer und überall organisiert: Soziale Bewegungen organisieren ihre Proteste, Freundesgruppen ihre Spieleabende, Familien die Aufzucht ihrer Kinder, Armeen die Führung von Kriegen und Unternehmen die mehr oder minder profitable Führung des Geschäfts. Internationale Gesetze, Spielplatzordnungen, Gebrauchsanweisungen oder Spielregeln – all das scheint in unserem Verständnis Ausdruck von Organisation zu sein. Dieses Verständnis von Organisation ist jedoch für vertiefende Analysen ungeeignet, weil damit letztlich nichts anderes bezeichnet wird als eine Ordnung, die dazu genutzt wird, um etwas zu erreichen. Der Begriff gerät so weit, dass letztlich alles erfasst wird, was irgendwie »strukturartig« oder »regelhaft« ist.

In Abgrenzung zu dieser breiten Verwendung des Begriffs Organisation hat sich – nicht zuletzt durch die Ausbildung der wissenschaftlichen Organisationsforschung – ein engeres Verständnis von Organisationen durchgesetzt. Besonders in der systemtheoretisch informierten Organisationsforschung wird mit »Organisation« eine besondere Form von sozialem Gebilde bezeichnet, die sich von anderen sozialen Gebilden wie beispielsweise Familien, Gruppen, Bewegungen oder Netzwerken unterscheiden lässt. Es gibt drei für Organisationen spezifische Merkmale, die im Folgenden näher erklärt werden (siehe dazu ausführlich Kühl 2011, S. 16 ff.).

Organisationen können über den Eintritt und Austritt von Personen entscheiden, und sie können Bedingungen für eine *Mitgliedschaft* definieren, denen sich die Mitglieder (und eben nur die Mitglieder) zu unterwerfen haben. Mitgliedern ist bewusst, dass sie die Organisation zu verlassen haben, wenn sie offen zu verstehen geben, dass sie Programme der Organisation nicht befolgen, Kommunikationswege missachten oder andere Personen in der Organisation nicht als Kommunikationspartner akzeptieren (siehe Luhmann 1964, S. 44 f.).

Organisationen geben sich ferner *Zwecke,* an denen sie Entscheidungen ausrichten. Auch wenn sich die noch in der Tradition von Max Weber vertretene zweckrationale Annahme, dass Organisationen von ihren Zwecken aus zu verstehen seien, in der Organisationsforschung nicht durchsetzen konnte, spielen Zwecke bei der Strukturierung von Organisationen eine wichtige Rolle. Wie Scheuklappen konzentrieren sie die Perspektive der Organisation auf einige wenige wichtig erscheinende Aspekte und blenden alles andere aus (siehe Luhmann 1973, S. 46).

Ferner sind Organisationen durch *Hierarchien* gekennzeichnet, die die Über- und Unterordnungsverhältnisse der Mitglieder festlegen (siehe Luhmann 1997, S. 834 f.). Insbesondere die mikropolitisch orientierte Organisationssoziologie hat überzeugend herausgearbeitet, dass jedoch auch hierarchisch weit unten angesiedelte Mitglieder über erhebliche Machtquellen verfügen können. Das Entscheidende aber ist, dass die Befolgung hierarchischer Anweisungen zur Mitgliedschaftsbedingung gemacht werden kann und so auch unpopuläre Maßnahmen durchgesetzt werden können.

1.1 Die Struktur von Organisationen

Wenn man sich als Außenstehender intensiv mit einer größeren Unternehmung, einer Verwaltung oder einem Verband beschäftigt, stellt sich nicht selten eine Ehrfurcht ein, dass bei allen zu beobachtenden Widersprüchlichkeiten, Unklarheiten, chaotischen Abläufen und Überraschungen am Ende ein mehr oder weniger überzeugendes Produkt herauskommt. Beim Studium der vielfältigen Strategien, mit denen in einem Automobilkonzern die Produktionsplanungssysteme im Werkstattbereich »per Hand« und »unter der Hand« angepasst werden, überrascht es, dass am Ende eine nicht unerhebliche Anzahl von Autos das Fließband verlässt. Es verwundert auf den ersten Blick, dass trotz der chaotisch wirkenden Abläufe bei der Deutschen Bahn am Ende des Tages ein überzeugender Prozentsatz der Züge (wenn auch mit gelegentlichen Verspätungen) ihren Zielbahnhof erreicht hat.

Organisationen grenzen sich – bei allem Chaos – in ihrer Zuverlässigkeit auffällig von anderen sozialen Ordnungen wie Treffen in Freundeskreisen, sozialen Bewegungen oder religiösen Initiativen ab. Diese weisen nicht den gleichen Grad von Berechenbarkeit auf wie Organisationen. Bei Apple oder im Innenministerium weiß man in der Regel, welche Stimmen aus dem Verwaltungszentrum als Meinung der Gesamtorganisation zu begreifen sind und welche eher als persönliche Stellungnahme wahrgenommen werden sollten. Bei Freundeskreisen, Bewegungen und Initiativen ist diese Eindeutigkeit nicht so leicht herstellbar. Wer ist der Sprecher der Friedensbewegung? Wer hat das Recht, im Namen eines Freundeskreises zu sprechen?

Dies hängt auch damit zusammen, dass es Organisationen gelingt, im Vergleich zu anderen sozialen Ordnungen eine gewisse Dauerhaftigkeit herzustellen. Im Gegensatz zu vielen Organisationen scheinen der sich auf Kneipentour befindende Freundeskreis, die Bewegung zur Bekämpfung amerikanischer Mittelstreckenraketen oder die Jugendinitiativen zur Verhinderung vorehelichen Geschlechtsverkehrs amerikanischer Teenager auch schnell wieder von der Bildfläche zu verschwinden. Organisationen gelingt es zudem – wie es die Fälle von Nokia, des YMCA oder der Scientology Kirche zeigen –, radikale Zweckwechsel (beispielsweise von einer religiösen Vereinigung zu einer profitorientierten Unternehmung) durchzuführen, ohne ihre Klientel oder ihre Mitarbeitenden allzu sehr zu verwirren.

Organisationen scheinen über »Tricks« zu verfügen, die die internen Kommunikationsprozesse beständig, berechenbar und regulierbar machen und somit verhindern können, dass die internen Prozesse zu einer rein zufälligen Ansammlung von Kommunikationen »verkommen«. Die Ausdrücke, die in der Organisationspraxis und der Organisationswissenschaft für diese Tricks gebraucht werden, sind »Organisationsstruktur« oder »Entscheidungsprämissen«. Sie bezeichnen den Umstand, dass Entscheidungen keine einmaligen Ereignisse sind, sondern im Gegenteil dauerhaft Auswirkungen auf das Organisationsgeschehen haben.

Beispiel: Kommunikationsbeschränkungen bei Wachstumsunternehmen in der Internetbranche

Am Beispiel von Wachstumsunternehmen kann man die Herausbildung von Strukturen im Zeitraffer beobachten. Wenn zu Beginn alle Mitglieder des Unternehmens noch um den Küchentisch passen, scheint jeder mit jedem kommunizieren zu können. In solchen Start-ups entsteht häufig eine Arroganz gegenüber den alteingesessenen Unternehmen, bei denen die rechte Hand häufig nicht mehr wisse, was die linke tue.

Mit zunehmender Größe verbringt die Organisation jedoch immer mehr Zeit damit, zu überlegen, wer weniger miteinander kommunizieren müsste: Wer muss bei einer Entscheidung nicht mehr informiert werden? Welche E-Mails müssen nicht an alle verschickt werden? Welche Meetings müssen nicht mehr unter Beteiligung aller stattfinden? So bilden sich häufig, ohne dass dies den Beteiligten bewusst ist, Kommunikationsbeschränkungen in Form von festgelegten Kommunikationswegen aus.

Während man anfangs noch als »All-Channel-Netzwerk« funktionieren konnte und jedes Mitglied mit jedem anderen kommunizieren konnte (oder wenigstens den prinzipiellen Anspruch erheben konnte, mit ihm oder ihr kommunizieren zu können), werden jetzt feste Kommunikationswege ausgebildet. Nur so kann der »Communicational Overkill« der Organisation verhindert werden.

Die Mitarbeiter sind über Mitgliedsrollen an diese Strukturen gebunden. Wenn man als Person in eine Organisation kommt, kann man nicht einfach irgendetwas machen. Die Mitgliedschaft in einer Organisation ist nicht wie die Zugehörigkeit zu einer Familie oder einem Staatswesen »natürlich« gegeben. Sie hängt vielmehr davon ab, ob man sich an die Erwartungen hält, die die Organisation an ihre Mitglieder stellt. Die Verantwortlichkeiten, Weisungshierarchien, Kontrollmechanismen, Ämterstrukturen, Kommunikationswege und Ressourcenverteilungen müssen eingehalten werden, anderenfalls drohen Sanktionen seitens der Organisation. Über die formulierten Mitgliedschaftserwartungen können Unternehmen, Verbände, Verwaltungen und andere Organisationen sicherstellen, dass die Organisationsmitglieder Handlungen ausführen, die nicht unbedingt in deren eigener Motivationsstruktur begründet liegen. Niklas Luhmann formulierte dazu prägnant: »Die Soldaten marschieren, die Schreiber protokollieren, die Minister regieren – ob es ihnen in der Situation nun gefällt oder nicht« (Luhmann 1975, S. 12).

Die »Organisationsstrukturen« – systemtheoretisch als »Entscheidungsprämissen« bezeichnet – sind auf den ersten Blick erst einmal Einschränkungen (vgl. Simon 1957, S. 34 ff.). In den Organisationen wird sehr viel Fantasie und Zeit darauf verwendet, über Personaleinstellungsverfahren, Arbeitsverträge, Arbeitszeitregelungen, Arbeitsteilungen, Controllingmechanismen und Stellenhierarchien die Vielfalt an Kommunikation einzuschränken. Alle Strukturen verhindern erst einmal eine Vielzahl von Kommunikationsmöglichkeiten. Eine Arbeitszeitregelung beschränkt, wann in einer Organisation kommuniziert (bzw. marschiert, protokolliert oder regiert) werden darf. Eine Stellenhierarchie legt fest, wer mit wem offiziell reden darf und wer nicht. Die Arbeitsteilung bestimmt, wer welche Arbeiten verrichten muss und (ganz besonders interessant) wer welche Arbeiten nicht verrichten darf.

In der Organisationsforschung hat es sich bewährt, drei grundlegend verschiedene Typen von Organisationsstrukturen – oder systemtheoretisch ausgedrückt: von Entscheidungsprämissen – zu unterscheiden.

Programme

Programme bündeln Kriterien, nach denen entschieden werden muss. Sie legen fest, was man in einer Organisation tun darf und was nicht. Insofern haben Programme die Funktion, bei Fehlern Schuld zurechenbar zu machen und so Vorwürfe in der Organisation zu verteilen. Wenn eine Mitarbeiterin nicht das durch ein Programm vorgegebene Ziel einer 10 %igen Umsatzsteigerung erreicht, kann sie zwar Ausflüchte suchen, aber letztlich erlaubt es die Organisationsstruktur, den Fehler zuerst ihr zuzurechnen.

In Organisationen gibt es hierfür zwei prinzipiell verschiedene Programmtypen: Konditional- und Zweckprogramme (vgl. March und Simon 1958, S. 164 ff.). *Konditionalprogramme* legen fest, was getan werden muss, wenn in einer Organisation ein bestimmter Impuls wahrgenommen wird. Der Ausführende macht einen Fehler, wenn er bei einem eingegangenen Impuls nicht den vorgeschriebenen Arbeitsschritt vornimmt, und kann dafür zur Rechenschaft gezogen werden. Umgekehrt gilt, dass bei korrekter Befolgung des Programms nicht der Ausführende für das Ergebnis des Arbeitsprozesses verantwortlich ist, sondern derjenige, der das Programm entwickelt hat. *Zweckprogramme* legen fest, welche Ziele oder Zwecke erreicht werden sollen. Zweckprogrammierungen finden an der Spitze einer Organisation statt, wenn beispielsweise die Herstellung von Fahrrädern als Zweck eines Unternehmens ausgegeben wird oder eine Nichtregierungsorganisation die Ächtung von Landminen als Zweck benennt. Sie werden aber auch weiter unten in der Organisation zur Strukturierung eingesetzt. Bei Zweckprogrammen ist anders als bei Konditionalprogrammen die Wahl der Mittel freigegeben: Der angegebene Zweck soll erreicht werden – egal wie. Dabei muss sich die Wahl der Mittel zwar innerhalb gewisser Grenzen bewegen, die durch die Regeln der Organisation oder auch durch Rechtsvorschriften gesetzt werden. Aber es gilt die Faustregel: Jedes Mittel, das nicht durch die Organisation (oder gar durch Gesetze) verboten ist, ist erlaubt, wenn es der Erreichung des Ziels dient.

Kommunikationswege

Den zweiten grundlegenden Typus von Entscheidungsprämissen machen die Kommunikationswege einer Organisation aus. Durch das Festlegen von legitimen Kontaktpunkten und Zuständigkeiten werden zunächst einmal die Möglichkeiten der Kommunikation in der Organisation massiv eingeschränkt. Es wird auf einen großen Teil der möglichen Kontakte und die Mitwirkung aller möglicherweise hilfreichen und interessierten Stellen bei Entscheidungen verzichtet und nur eine kleine Zahl legitimierter Kontakte und Entscheidungsbefugnisse zugelassen, die die Mitglieder zu respektieren haben, wenn sie ihre Mitgliedschaft nicht aufs Spiel setzen wollen.

Für die Mitglieder einer Organisation hat die Einrichtung von Kommunikationswegen – wie das bei allen anderen Strukturtypen auch der Fall ist – eine entlastende Funktion. Diejenigen, die für eine bestimmte Entscheidung zuständig sind, können davon ausgehen, dass diese systemintern als richtig angesehen und nicht angezweifelt wird. Sie müssen im Zweifelsfall aber auch die Verantwortung übernehmen und haben für eventuelle Fehler oder negative Konsequenzen ihrer Entscheidungen geradezustehen. Dies entlastet nicht nur die Vorgesetzten, sondern auch die Untergebenen, weil sie wissen, mit wem man reden darf und mit wem nicht. Festgelegte Kommunikationswege sind auch bei der Kooperation zwischen Personen auf gleicher Ebene hilfreich, weil zum Beispiel eine Abteilung die Information einer anderen nicht auf ihre Stimmigkeit oder ihren Nutzen überprüfen muss.

Es gibt unterschiedliche Formen der Regelung von Kommunikationen. Die prominenteste Art der Fixierung von Kommunikationswegen ist sicherlich die *Hierarchie*. Eine weitere wichtige Art der Festlegung von Kommunikationswegen sind *Mitzeichnungsrechte,* die in der Regel auf einer hierarchischen Ebene eingerichtet werden: Verschiedene Minister müssen zustimmen, bevor eine Verordnung in Kraft treten kann, oder die Abteilungsleiter müssen eine Arbeitsanweisung gegenzeichnen, bevor sie offiziell in der Organisation verkündet werden kann. Eine weitere, zunehmend wichtige Art der Definition von Kommunikationswegen sind *Projektstrukturen.* Dazu werden Mitglieder aus unterschiedlichen Abteilungen zusammengezogen, um ein zeitlich befristetes Vorhaben – ein Zweckprogramm – zu bearbeiten. Hierarchien, Mitzeichnungsrechte und Projektstrukturen können miteinander kombiniert werden, sodass sich ganz eigene Formen und Netzwerke von Kommunikationswegen ausbilden. Je nachdem, welche Kombination von Hierarchien, Mitzeichnungsrechten und Projektstrukturen gewählt wird, verändern sich die Wahrscheinlichkeiten für Kooperationen, Konkurrenz oder Konflikte in der Organisation.

Personal

Während die Einstufung von Programmen und Kommunikationswegen als Strukturen in der Organisationsforschung gebräuchlich ist, hat der Vorschlag, Personal als dritten, gleichrangigen Typ von Organisationsstrukturen zu betrachten, für

nen. Und Maßnahmen zur Vermarktung von Veränderungsprojekten finden sich als integrierter Teil des Schauseitenmanagements inzwischen in fast jeder Organisation. Dabei wird aber immer noch davon ausgegangen, dass diese drei Aspekte – die Veränderung der Formalstruktur, die Anpassung der Organisationskultur und die Präsentation des Reorganisationsprojektes – sauber ineinandergreifen. Häufig wird aber übersehen, dass die Anforderungen auf den drei Seiten der Organisation grundlegend unterschiedlich sind.

Die formale Seite der Organisation – entschiedene Entscheidungsprämissen

Die zentrale Besonderheit von Organisationen besteht darin, dass sie die Mitgliedschaft unter Bedingungen stellen können: Die Bedingung lautet, eine Entscheidung darüber treffen zu müssen, ob man bereit ist, die Erwartungsstrukturen der Organisation zu akzeptieren. Es wird spezifiziert, von wann bis wann man in den Räumlichkeiten der Organisation anwesend sein muss, was während der Anwesenheit zu tun ist, auf welche anderen Organisationsmitglieder man zu achten hat und welche man ignorieren kann. Wenn man nicht bereit ist, sich an diese Erwartungen zu halten, kann man nicht Mitglied der Organisation bleiben. Diese mitgeteilten Mitgliedschaftsbedingungen sind – um es einfach auszudrücken – die *Formalstruktur* der Organisation.

Um aber überhaupt ein bestimmtes Verhalten zur Mitgliedschaftsbedingung machen zu können, ist es erforderlich, dass die Anforderungen der Organisation an ihre Mitglieder relativ konsistent sind. Es ist problematisch, einem Sozialarbeiter einen Regelverstoß nachzuweisen, wenn eine formale Regelung vorgibt, dass ausschließlich im Falle der Vorlage eines Berechtigungsscheins Unterstützungsmaßnahmen freigegeben werden dürfen, gleichzeitig aber von ihm verlangt wird, im Falle einer starken Verwahrlosung unmittelbar Maßnahmen zur Unterstützung einzuleiten. Natürlich gibt es in jeder Organisation inkonsistente Regeln; jeder Mitarbeiter kann ein Lied davon singen. Aber gerade die Widersprüchlichkeiten in den formalen Regeln führen dazu, dass die Mitglieder tendenziell von Verhaltenserwartungen entlastet werden, weil sie sich ja jeweils auf die ihnen genehme Regel beziehen können (vgl. Luhmann 1964, S. 155).

Die Formalstrukturen sind, so könnte man es auf den Punkt bringen, die »entschiedenen Entscheidungsprämissen« einer Organisation. Auch wenn diese Definition auf den ersten Blick etwas sperrig wirken mag, hat sie den Vorteil, unmittelbar den Blick auf verschiedene Aspekte zu öffnen. Diese Definition schärft den Blick dafür, über welche verschiedenen Typen von Entscheidungsprämissen die Organisation Entscheidungen beeinflussen kann.

Die informale Seite von Organisationen – nicht entschiedene Entscheidungsprämissen

In der Welt der Organisation scheint es aber viel wilder zuzugehen, als die gut kommunizierbare Formalstruktur oder gar die Nichtmitgliedern gegenüber präsentierte Schauseite es vermitteln. Im Gegensatz zur Formalstruktur kann die informale Struktur der Organisation nicht fixiert werden, weil solche Anforderungen von dem angehenden Mitglied als unpassend zurückgewiesen werden könnten oder die Organisation ihre informalen Strukturen häufig selbst nicht kennt. Selbst wenn, dürfte sie diese offiziell nicht immer gutheißen. Gleichzeitig lehrt die allgemeine Erfahrung, dass Mitglieder scheitern, wenn sie sich allzu sehr an die formalen Anforderungen der Organisation halten.

Von Informalität als Teil der Organisationsstruktur kann man sprechen, wenn eine nicht in der Formalstruktur erwartete Handlung mit einer gewissen Regelmäßigkeit auftritt. Erst wenn ein Deutungsmuster sich nicht nur bei einem einzigen Mitglied findet, sondern sich in Teilen der Organisation als erwartbar eingeschlichen hat, hat es den Status einer informalen Erwartung. Erst wenn die kurzfristige Abstimmung mit der Kollegin in der Nachbarabteilung nicht ausnahmsweise vorgenommen wird, sondern wiederkehrend als »kurzer Dienstweg« zur Abstimmung genutzt wird, hat man es mit einer informalen Struktur zu tun.

Unter »Informalität« versteht man also nicht das einmalige Improvisieren, um sich den Weg durch den Dschungel aus Vorschriften und Vorgaben zu bahnen, sondern eher das Netzwerk bewährter Trampelpfade, die in einer Organisation immer wieder beschritten werden. Auch bei informalen Strukturen handelt es sich also um *Entscheidungsprämissen* – um Voraussetzungen, die für eine Vielzahl von Entscheidungen in der Organisation gelten. Es geht um all diejenigen Erwartungen in einer Organisation, die *nicht* mit Bezug auf die Mitgliedschaftsbedingungen formuliert werden (oder werden können). Ihnen ist gemein, dass über diese Erwartungen zwar *nicht* entschieden wurde, sie aber trotzdem innerhalb der Organisation als Erwartung bestehen.

Informalität ist demnach durch die Strukturhaftigkeit der Erwartungen und die gleichzeitig fehlenden Rückbindungsmöglichkeiten an die offiziell verkündeten Mitgliedschaftsbedingungen gekennzeichnet. Das »Informale«, das »Unterleben«, die »Kultur« sind die in einer Organisation herrschenden *nicht entschiedenen Entscheidungsprämissen* (Rodríguez Mansilla 1991, S. 140 f.). Der Grundgedanke ist simpel: Es gibt Festlegungen über die Art und Weise, wie in Organisationen künftig entschieden werden soll, die nicht durch Entscheidungen eines Unternehmensvorstands, eines Parteitages oder eines Papstes zustande kommen, sondern die sich einfach erfolgreich als Gewohnheiten eingeschlichen haben.

Es gibt verschiedene Gründe, warum informale Strukturen für eine Organisation funktional sein können: Eine Organisation, die sich mit der Einhaltung der formalen Vorgaben durch die Mitarbeiter zufriedengeben würde, wäre verloren. Nicht umsonst gilt der »Dienst nach Vorschrift« als eine der effektivsten Streikformen. Nicht alle Erwartungen in Organisationen lassen sich zu Mitgliedschaftsbedingungen erheben. Ferner scheint die Formulierung von Mitgliedschaftsbedingungen immer dann schwierig zu sein, wenn es um Einstellungen, Haltungen und Denkstile geht. Hier greifen dann häufig die informalen Strukturen. Es gibt in Organisationen aber auch Erwartungen, die zwar prinzipiell formalisierbar sind und deren Einhaltung kontrollierbar wäre, auf deren Formalisierung in der Organisation jedoch – bewusst oder unbewusst – verzichtet wird. Die Herausbildung dieser Form von Informalität hängt damit zusammen, dass Organisationen mit widersprüchlichen Anforderungen konfrontiert sind, die nicht durch Entscheidungen auf der Formalebene gelöst werden können. In Organisationen kann es immer nur *eine* »konsistent geplante, legitime formale Erwartungsordnung« geben (Luhmann 1964, S. 155). Auf widersprüchliche Erwartungen muss deshalb mit einem hohen Maß an Informalität reagiert werden. Da Organisationen zu ihrer Erhaltung »eine Fülle von Leistungen brauchen, die nicht als formale Erwartungen formuliert« und »als exklusive Aufgabe zugeteilt werden können«, bleibt dem Management häufig nichts anderes übrig, als Illegalität zu tolerieren oder sogar zu fördern (Luhmann 1964, S. 86). Hier handelt es sich dann um *nicht entscheidbare* Entscheidungsprämissen im Vergleich zu den nur *nicht entschiedenen*.

Letztlich trägt dies erst dazu bei, dass Regeln sich trotz ihrer Starrheit halten können. Regeln müssen – jedenfalls von

Zeit zu Zeit – verletzt werden, um als Regeln weiterexistieren zu können (siehe früh schon Dalton 1959, S. 219). Nur indem Organisationsmitglieder situativ ausbalancieren, ob sie den formalen Strukturen entsprechend handeln oder ob sie informale Wege gehen, erreichen Organisationen überhaupt ihre schnelle Anpassungsfähigkeit (siehe nur beispielhaft Luhmann 1964, S. 305; Friedberg 1993, S. 153).

Informale Änderung von Konditionalprogrammen in Zweckprogramme an einem Bahnterminal

Das Be- und Entladen von Containern sowie von Stück- und Rieselgut auf den Bahnterminals hat in den vergangenen Jahrzehnten eine drastische Technisierung erfahren. Um eine möglichst schnelle und kontinuierliche Abfertigung von Zügen zu ermöglichen, nehmen auch die Anforderungen an die technische Steuerung der Transportgeräte stetig zu.

So wurde an einem Bahnterminal in Südost-Europa eine Software eingeführt, über die Transportfahrzeuge Fahraufträge erhalten: Entscheidungen über die Wege im Betriebsgelände, die Reihenfolge des Be- und Entladens oder den Einsatz zusätzlicher Transportfahrzeuge werden nun nicht mehr vor Ort von den Terminalarbeitern der Abteilung ›Abfertigung‹, sondern auf der Grundlage komplexer Berechnungen von Angestellten in einem Bürogebäude, der sogenannten Steuerungszentrale, getroffen. Die neue Taktung der Transporte sollte die Zeiten für die Zugabfertigung reduzieren.

Die Abteilung ›Abfertigung‹ sollte künftig nicht mehr ausschließlich an der Produktivität, sondern ebenso an der korrekten Ausführung der Steuerungsimpulse gemessen werden. Der Entscheidungsspielraum der Arbeiter an den Gleisen verringerte sich durch diese Maßnahme erheblich. Mittels eines Bildschirms wurde ihnen genau vorgegeben, welche Container sie in welcher Reihenfolge vom Zug zu den Stellplätzen und umgekehrt fahren müssen (Konditionalprogramm). Es war den Arbeitern nicht mehr möglich, auf Unwägbarkeiten am Zug zu reagieren und Arbeitsabläufe vor Ort anzupassen: Optimierungen wie das ›Vorstauen‹ der weit vom Zug entfernt liegenden Container vor dem Zug oder längere Abfertigungszeiten bei besonderem Stückgut wurden vom System selten eingeplant. Nicht vom System erfasste, im Weg liegende Teile auf dem Gelände oder unvorhergesehen zugestapelte Container führten immer wieder zu Abweichungen von der geplanten Route. Die Produktivität sank und die Abfertigung verzögerte sich.

Auf der einen Seite konnte man die gesetzten Zweckprogramme in Form der Produktivitätsziele nicht mehr erreichen, auf der anderen Seite wurde man angehalten, die Steuerungsimpulse konsequent nach Vorgaben der Konditionalprogramme umzusetzen. In diesem Zielkonflikt gefangen, wandelten die Gerätefahrer das formale Konditionalprogramm mit der Zeit in ein informales Zweckprogramm um: Sie tricksten das Steuerungssystem so aus, dass die für eine schnelle und reibungslose Abfertigung notwendige Anpassungsfähigkeit wiederhergestellt wurde. Gleichzeitig wurde der Schein gewahrt, das Programm umgesetzt zu haben. Man nutzte die auf dem Bildschirm vorhandenen zusätzlichen Informationen, um die Koordination der Transportfahrzeuge effizienter zu machen. Im Büro der Steuerungszentrale war man indes zufrieden mit der erfolgreichen Einführung der Software: Nach einer kurzen Eingewöhnungsphase habe man die Produktivität nämlich steigern können.

Die Schauseite der Organisation

Die ersten Beschreibungen, die man als Außenstehender von einem Ministerium, einem Unternehmen, einer Verwaltung, einer Universität oder einem Krankenhaus zu sehen oder zu hören bekommt, wirken häufig seltsam geglättet. Als »Aufhübschen« kann man den Prozess beschreiben, in dem Organisationen durch gefilterte Reportings, verschachtelte Organigramme, übersichtlich dargestellte Prozessabläufe oder geglättete Aussagen ein schlüssiges und überzeugendes Bild ihrer selbst zu zeichnen suchen. Im trügerischen Windschatten ausgeblendeter Komplexität und ungelöster Konflikte wird dadurch eine für die Außenwelt geeignete »zweite Realität« geschaffen, die mit den tatsächlichen Abläufen in der jeweiligen Organisation nur sehr begrenzt etwas zu tun hat. Solche Fassaden sozialer Gebilde sind nicht einfach vorhanden, sondern müssen auf- und ausgebaut, regelmäßig gepflegt und bei Bedarf ausgebessert werden (Luhmann 1964, S. 113). Der systematisch geplante Auf- und Ausbau von Fassaden wird in der Organisationsforschung auch treffend als »Impression Management« – als »Eindrucks- und Beeindruckungsmanagement« – bezeichnet.

Mit ihrer Fassade bringt eine Organisation zum Ausdruck, wie sie gesehen werden will. Durch bewusste oder unbewusste Kopierprozesse ihrer Mitglieder bilden sich in Organisationen eigene Sprachregelungen aus, die Sicherheit im Kontakt mit der Außenwelt verleihen. Briefköpfe, Siegel und Webauftritte dienen als Begleitsymbole, durch die die Organisation nicht nur wiedererkannt werden möchte, sondern immer auch etwas zum Ausdruck zu bringen sucht.

Weil Fassaden die *Schauseiten* der Organisationen sind, muss ihre Funktionalität bei den Erwartungen gesucht werden, die von außen an die Organisation herangetragen werden. Ein erstes Motiv für den Aufbau von Fassaden liegt in den widersprüchlichen Anforderungen, die Organisationen gleichzeitig bedienen müssen. Fassaden haben daher auch eine Schutzfunktion: Sie dienen dazu, den Außenstehenden den Einblick zu verwehren, um in Ruhe Entscheidungen vorbereiten zu können, mögliche Konflikte vor der Außenwelt zu verbergen oder Fehler und Peinlichkeiten zu verheimlichen. Im Hintergrund finden dann die in einer Organisation üblichen Auseinandersetzungen über den besten Weg statt.

Allein aufgrund der Tatsache, dass Organisationsmitglieder mit unterschiedlichen Segmenten der Umwelt in Kontakt stehen und unterschiedliche Positionen innerhalb der Organisation einnehmen, entwickeln sich verschiedene, häufig auch gegensätzliche Perspektiven. Beobachtungen von außen verschärfen solche Konflikte weiter. Die Umwelt wirkt somit als »Lautverstärker« für die internen Auseinandersetzungen. Nimmt dies überhand und ist die Schauseite nicht gut ausgearbeitet, verliert die Organisation immer mehr die Möglichkeit, die Auseinandersetzungen selbst zu regeln.

Change Management – oder: Die Reorganisation der Reorganisation bei einem mittelständischen Kommunikationsdienstleister

Reorganisationen ziehen häufig weitere Reorganisationen nach sich. Das ist nicht nur in der Organisationstheorie beschrieben, sondern auch die Erfahrung vieler Mitarbeitenden, die sich regelmäßig der ›neuen Sau, die durchs Dorf getrieben wird‹, gegenübersehen. Was auf der operativen Ebene augenscheinlich ist, muss aber deswegen noch lange nicht der auf den Schauseiten gepflegten offiziellen Darstellung der Unternehmensleitung entsprechen.

Ein mittelständischer Kommunikationsdienstleiter hat die über mehrere Standorte verteilten operativen Bereiche einer gründlichen Restrukturierung unterzogen: Die Standorte sollten künftig nicht mehr als autonome Einheiten gelten, vielmehr will die Zentrale die standortübergreifenden Großprojekte nun an die lokalen Organisationseinheiten delegieren. Alle Mitarbeitenden eines Projektes, das über mehrere Standorte geführt wurde, wurden einem Account Manager in der Zentrale unterstellt, der sowohl die fachliche als auch die disziplinarische Führung der Mitarbeitenden übernahm. Die Account Manager (meistens ehemalige Standortleiter) führten nun die Teams von ca. 200 Mitarbeitenden, die gemäß ihrer Projektzugehörigkeit neu zugeordnet wurden – unabhängig davon, ob diese in Köln, Basel oder Wien stationiert waren. Eine groß angelegte Kampagne der internen Kommunikationsabteilung verkündete die zentralen Pfeiler der »zukunftssichernden Neuorga« mit Broschüren und mehreren Großveranstaltungen sowohl gegenüber den Kunden als auch gegenüber den Mitarbeitern.

Als die neue Organisationsstruktur auch nach sechs Monaten noch nicht richtig ›gelebt‹ wurde, befand man, die Organisation sei noch nicht so weit, sich von der ›Standortdenke‹ zu lösen. Ein Change Management mit dem Titel »Neuorga stabilisieren« sollte die Veränderung durchsetzen und die Umsetzung der neuen Prozesse begleiten. Ein Team aus Unternehmensleitung, Betriebsräten, Personalabteilung und operativen Managern bildete das Lenkungsgremium des von Beraterinnen geführten Change-Projektes. Um herauszufinden, woran es haperte, wurde auf die Beteiligung von Mitarbeitenden gesetzt.

In der ersten Projektphase stellte sich heraus, dass neben der Projektzuordnung auch weiterhin eine Standortstruktur bestehen muss, um schnell auf Kundenwünsche reagieren zu können. Im Lenkungsgremium war diese Erkenntnis nur bedingt populär. Unternehmensleitung und Betriebsräte hatten Seite an Seite für die Neuorga geworben und sie gemeinsam gegenüber der Belegschaft vertreten. Die Schauseite war schon entsprechend der Neuorga umgebaut worden, ohne dass dies aber bisher in der Organisation auch praktisch umgesetzt wurde. Aber es ging offensichtlich immer weniger um die konsequente Umsetzung der Neuorga als vielmehr um die Reorganisation der Reorganisation. Um nun sowohl den kritischen Stimmen als auch der Schauseite der Unternehmensleitung gerecht zu werden, änderte man in der zweiten Projektphase den Projekttitel in »Neuorga nachjustieren«.

1.3 Strukturmatrix zur Analyse von Organisationen

Wenn man versucht, eine Organisation zu begreifen und zu gestalten, dann muss man die verschiedenen Strukturaspekte ins Blickfeld nehmen. Dabei können – je nach Vorhaben – unterschiedliche Strukturaspekte mehr oder minder zentral sein. Bei einer Fusion zweier Organisationen wird es vorrangig um den Neuzuschnitt der formalen Kommunikationswege gehen. Bei der Erstellung eines Leitbildes geht es häufig um die Umarbeitung der Schauseite einer Organisation. Die Strategieprozesse von Organisationen bestehen aus der Arbeit an den formalen Zweckprogrammen. Aber auch wenn häufig ein Strukturaspekt im Mittelpunkt steht, kommt es darauf an, den Zusammenhang zwischen den drei Seiten der Organisation und den drei Strukturtypen im Blick zu behalten.

Diese Strukturmatrix lässt sich zur Analyse ganz unterschiedlicher Aspekte einsetzen. Das Zusammenspiel von Programmen, Kommunikationswegen und Personal und die unterschiedliche Ausrichtung auf die formale Seite, die informale Seite oder die Schauseite kann man bereits auf der kleinsten organisatorisch zu definierenden Organisationseinheit beobachten: der *Stelle*. Die Stelle muss mit einer Person besetzt werden. Sie wird über in Organisationshandbüchern oder Computerprogramme festgelegte Auslösebedingungen (Konditionalprogramme) oder über anzustrebende Ziele (Zweckprogramme) programmiert. Ihre Kontaktmöglichkeiten werden durch die vorgegebenen Kommunikationswege beschränkt. Je nach Aufgabenbeschreibung sind sie besonders auf die Arbeit an der Schauseite (z. B. PR-Stellen), der formalen Seite (z. B. Compliance-Stellen) oder der informalen Seite (z. B. Personalentwicklung) ausgerichtet. Aber auch bei *Abteilungen* von Organisationen spielen immer alle drei Strukturtypen und alle drei Seiten der Organisation zusammen. Sie werden durch Personal mit seinem jeweils ganz eigenen Entscheidungsstil geprägt, und ihre Arbeit wird durch vorgegebene Zweckprogramme und Konditionalprogramme sowie durch die Einbindung in die Kommunikationswege der Organisation strukturiert. Je nach Aufgabenstellung richten sie sich eher an formalen, informalen oder außendarstellerischen Erwartungen an die Organisation aus. Auch auf der Ebene der *Organisation* als Ganzer kann das Zusammenspiel der drei Strukturformen beobachtet werden – zum Beispiel, wenn festgestellt wird, dass ein Unternehmen immer nur ganz besondere »Typen« einstellt, dass mit der Veränderung im Organigramm ganz neue, ungewohnte Kommunikationswege entstehen oder dass organisationsweite Veränderungen von Zielvorgaben oder Abläufen beobachtet werden.

Grafik 1 Die Strukturmatrix zur Analyse von Organisationen

Organisationen gestalten

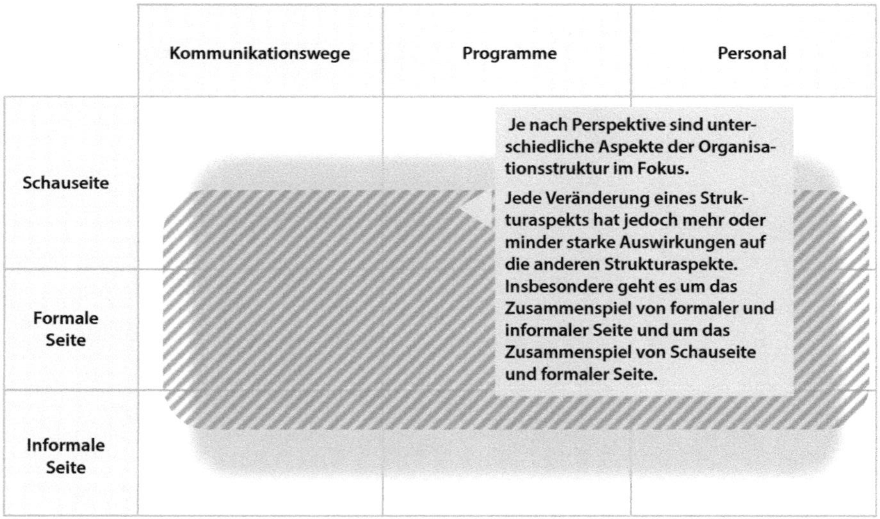

	Kommunikationswege	Programme	Personal
Schauseite			
Formale Seite			
Informale Seite			

2 Jenseits einer zweckrationalen Verengung bei der Gestaltung von Organisationen

Liest man die Berichte und Darstellungen über Projekte zur Veränderung von Organisationsstrukturen in Unternehmen, Verwaltungen, Krankenhäusern oder Schulen, dann zeichnen sich diese durch ein hohes Maß an Konsistenz, Schlüssigkeit und Rationalität aus. Unabhängig davon, ob es sich um die Einführung eines kontinuierlichen Verbesserungsprozesses, die Entwicklung einer neuen Unternehmensstrategie oder die Etablierung einer teamorientierten Aufbauorganisation handelt – die Erfolgsgeschichten sind in der Regel dominiert von der Schilderung rational geplanter Reorganisation. Zwar wird von Hindernissen, Widerständen, Unwägbarkeiten und Unvorhergesehenem berichtet, aber diese Probleme werden in der Regel von den Prozessverantwortlichen (die häufig identisch mit den Autoren der Beiträge sind) durch einen plötzlichen Einfall, ein neu entwickeltes Werkzeug oder durch eine gewagte Intervention erfolgreich bewältigt. In einem gut geplanten und flexibel angelegten Reorganisationsprozess, so der Tenor der Darstellungen, sind die Beteiligten in der Lage, auch mit solchen Herausforderungen umzugehen (dieser und die folgenden Absätze basieren auf Kühl 2010, S. 215).

Diese rationale Darstellung von Veränderungsprojekten,

die man bereits in so prominenten Schilderungen wie der Einführung von Divisionsstrukturen bei Dupont, der Einführung des Fließbandes bei Ford oder der Entwicklung des japanischen Lean Managements von Toyota-Chef Ohno finden konnte, sind charakteristisch für Beschreibungen, die Organisationen über sich selbst anfertigen (vgl. Kieser 1994, S. 199). Organisationen verstehen sich in der Regel als System zur Anfertigung rationaler Entscheidungen, das sich von Systemen abgrenzt, die ihre Entscheidungen aufgrund von Automatismen, Traditionen oder Autoritäten treffen. Irrationalitäten, Ignoranzen oder Vergesslichkeiten, so die Vorstellung, können in rationalen Systemen eindeutig als Fehler oder abweichendes Verhalten markiert werden und bei entsprechender Bereitschaft und Befähigung der Beteiligten durch rationalere Entscheidungsprozesse ersetzt werden.

2.1 Die Dominanz zweckrationalen Denkens in der Vorstellung des Organizational Designs

Klassische Organisationsgestaltungsprozesse versprechen den Beteiligten eine verlockende, rationalere Zukunft. Die Beteiligten werden mit einem »schöneren Bild« der Organisation geködert, das durch einen rational geplanten Veränderungsprozess erreicht werden könnte. Die von Beratungsfirmen aufgegriffenen oder teilweise auch durch sie selbst produzierten Leitbilder wie Lean Management, fraktale Organisation, agile Firma oder wissensbasierte Organisation stellen die Farbelemente auf der Palette von Beratungsfirmen dar, mit denen für jedes Unternehmen, jede Verwaltung, jedes Krankenhaus, jede Kirche und jede Universität ein mehr oder minder spezifisches Bild der verlockenden Zukunft gemalt wird.

Die Vorgehensweisen bei der Gestaltung von Organisationen unterscheiden sich meistens nicht darin, *dass* ein schönes Bild der »zukünftigen Realität« gemalt wird, sondern nur darin, *wie* dieses schöne Bild entsteht. Bei der Expertenberatung greift der Berater selbst zum Pinsel und zeichnet ein Bild, das dem Auftraggeber (nicht unbedingt allen Mitarbeitern) attraktiv erscheint. Dieses Bild in Form eines Gutachtens oder einer Präsentation ist im Idealfall so konkret und greifbar, dass sich der Auftraggeber nur dafür entscheiden muss, dieses Bild an die Wand seines Büros zu hängen und die Organisation gemeinsam mit den Beratern nach diesem Bild umzubauen. Bei einem Organisationsentwicklungsprozess wird das Bild nicht von den Beratern gemalt, sondern es wird dem Auftraggeber vermittelt, dass man als Berater sowohl die Farben als auch die handwerklichen Fähigkeiten hat, um gemeinsam mit den Mitarbeitern ein attraktives Bild des Unternehmens zu zeichnen und die Organisation dann gemeinsam nach diesem Bild umzubauen.

Bei allen Unterschieden in der Durchführung des Malprozesses haben beide Ansätze gemein, dass sie auf einer »Ästhetisierung« der Organisationszukünfte aufbauen. Als Ästhetisierung hat Oswald Neuberger (1994) den Prozess beschrieben, mit dem durch gefilterte Reportings, Organigramme oder Netzpläne ein Bild der eigenen Organisation gezeichnet wird, das mit der Dynamik, Vielfältigkeit und Mehrdeutigkeit in Organisationen nichts oder nur wenig zu tun hat. Im trügerischen Windschatten ausgegrenzter Komplexität und ungelöster Konflikte wird eine zweite Realität kultiviert, die mit der Realität inner- und außerorganisatorischer Prozesse nichts zu tun hat. Letztlich, so Neuberger, komme in diesen Ästhetisierungen die unausgesprochene Sehnsucht der Manager nach Organisationen als stimmigen und harmonischen Gesamtkunstwerken zur Geltung.

Die Ästhetisierung in Veränderungsprozessen besitzt die Besonderheit, dass sie sich der häufig zu hörenden Kritik, das ästhetische Bild der Organisation habe nichts mit der Realität der Organisation zu tun, mit dem geschickten Verweis auf ihre »Zukünftigkeit« entzieht. Die ästhetischen Bilder bedienen die gleiche Sehnsucht nach stimmigen und harmonischen Gesamtkunstwerken, ohne sich jedoch dem Vorwurf einer Diskrepanz zwischen der eigenen Realität und diesem Bild auszusetzen. Im Gegenteil: Die Diskrepanz zwischen der realen Dynamik, Vielfältigkeit und Mehrdeutigkeit der Organisation und dem harmonischen und schlüssigen Gesamtbild eines Masterplanes wird vielmehr als Grund für einen Veränderungsprozess angegeben.

Es handelt sich dabei um eine Idealisierung der Zukunft bei gleichzeitiger »Abwertung« der Vergangenheit. Veränderungsprojekte, Change-Prozesse und Reformen sind in dieser Form Defizitbeschreibungen vor dem Hintergrund der Annahme, dass man es besser machen könnte. Die Vergangenheit wird schlechtgemacht, damit die Zukunft besser sein kann. Die faktische Realität wird mit kontrafaktischen Idealen aufgepumpt, um die Hoffnung zu nähren, dass sich die Organisation irgendwann einmal in die Richtung dieser Ideale bessern lässt und alle Mitarbeiter vom »Guten, Wichtigen und Richtigen« überzeugt sind (Bardmann 1997, S. 53).

Diese Diskrepanz zwischen »Istzustand« und »Sollzustand« ist ein zentraler Motor in den klassischen Veränderungsprozessen. Die Energie entsteht dadurch, dass die Masterpläne, Visionen und Sollzustände attraktiver, einfacher und einleuchtender wirken als die als chaotisch wahrgenommene Realität. Es wird suggeriert, dass Organisationen durch den Beratungsprozess zu einer schlüssigeren, konsistenteren und letztlich rationaleren Funktionsweise kommen könnten, durch die letztlich alle Mitarbeiter gewinnen würden. Die Energie für Veränderung entsteht dadurch, dass Veränderungsprojekte in ihren guten Absichten nur schwer zu widerlegen sind, weil der »Härtetest ihrer Vorhaben« noch aussteht (Luhmann 2000, S. 338).

Aus unserer Sicht liegt in diesem Arbeiten mit Soll-Ist-Diskrepanzen die Ursache für die komplexen Steuerungs- und Planungsvorstellungen, wie sie einen Großteil der Veränderungsprojekte dominieren. In dem Moment, in dem der Manager oder Berater mit ästhetisierten Zukunftsentwürfen arbeitet, muss er für sich in Anspruch nehmen, dass er zwischen der Realität und den Zukunftsentwürfen eine Kausalverbindung herstellen kann. Anderenfalls würden die Sollzustände als Hirngespinste ohne Wirkmächtigkeit dastehen. Manager und Berater müssen Unternehmen deutlich machen, dass sie nicht nur Mängel erkennen und zu der Erarbeitung von Lösungen beitragen können, sie müssen auch behaupten, über die Instrumente zu verfügen, um die mangelhafte Organisation und die entwickelte Idealvorstellung miteinander in Beziehung zu setzen (vgl. Brunsson 1989, S. 224 f.).

Dahinter steckt ein vergleichsweise simples Verständnis von Organisationen. Als Ausgangspunkt wird ein Zweck benannt, der den Akteuren als Richtschnur für ihr Handeln dienen soll. Dieser Zweck müsse – so das Argument – in Unterzwecke zerlegt werden, die dann mit einer Position in der Hierarchie korrelieren. So könnten komplexe Zweck-Mittel-Ketten gebildet werden, in denen jeder Zweck nur ein Mittel ist, um einen weiter entfernt liegenden Zweck zu erreichen, der seinerseits ebenfalls lediglich ein Glied in einer Kette weiterer Zwecke ist.

Aus dieser Perspektive lassen sich Organisationen als Maschinen beschreiben. Organisationen würden wie Maschinen ihre Komplexität dadurch reduzieren, dass sie einen eindeutigen Zweck haben und alle Mittel auf diesen einen Zweck ausgerichtet werden. Organisationen sollen wie Maschinen nach einem genauen Plan funktionieren und dabei möglichst geringe Reibungsverluste haben. Organisationen sind dabei wie Maschinen ein in sich geschlossenes Ganzes, das sich aus präzise definierten Einzelteilen zusammensetzt. Die Funktion dieser Einzelteile ist strikt auf die Funktion der Maschine als Ganzes ausgerichtet. Um die Gesamtfunktion zu gewährleisten, müssen die Beziehungen zwischen diesen Einzelteilen in eindeutigen Wenn-dann-Ketten geordnet werden (Bardmann 1994, S. 260 f.).

Der Anspruch, Gegenwartsbeschreibungen und Zukunftsentwürfe miteinander in Verbindung zu setzen, führt zu »Vorstellungen von geplantem Wandel«, »rationalistischen Sichtweisen des Managements von Veränderung« oder zu »synoptischen Planungsphilosophien«. Dabei wird davon ausgegangen, dass Probleme der Organisation bei der Erreichung ihrer Ziele im Beratungsprozess identifiziert und daraus Strategien entwickelt werden, mit denen die Ziele besser erreicht werden können. Die Argumente für diese Strategien müssen dann nur noch allen Mitarbeitern vermittelt und in der Organisation umgesetzt werden.

2.2 Die Funktion einer zweckrationalen Herangehensweise bei der Gestaltung von Organisationen

Man darf nicht übersehen, welche Attraktivität solche Vorstellungen eines zweckrationalen Vorgehens bei Veränderungsprozessen für das Management haben. Die »Paketlösungen«, die solche synoptischen Planungsvorstellungen versprechen, wirken gerade für das Topmanagement angstreduzierend. Es wird den Beteiligten suggeriert, dass sie zwar angesichts von Globalisierung, Digitalisierung und Wertewandel in Bedrängnis geraten, es jedoch operationalisierbare Lösungen gibt, mit denen sie diesen Herausforderungen begegnen können.

Die Suggestion dabei ist, dass solche im Unternehmen ausgearbeiteten Masterpläne für die Gestaltung von Organisationen handlungsmotivierend wirken können: Über Masterpläne wird ein »Wir können es schaffen« in der Organisation verbreitet. Detaillierte Zeitpläne, ausgearbeitete Penetrierungsstrategien für neue Märkte, Effizienzberechnungen der zukünftigen Organisationsstruktur suggerieren einen hohen Realitätsgehalt und vermitteln den Betroffenen das Gefühl, dass die entworfenen Pläne von der Organisation erfolgreich umgesetzt werden können. Das kann sie dazu motivieren, etwas Neues zu wagen.

Die von Organisationsentwicklern zusammen mit Mitarbeitern erstellten oder gleich nur von Beratern geschriebenen Strategiepapiere, Einsparungsvorschläge und Masterpläne können dem Management als Legitimation dienen. Das Management ist in eine Vielzahl von Machtspielen eingebunden, und radikale Einschnitte würden die Machtverflechtungen durcheinanderbringen. Masterpläne zur Gestaltung von Organisationen besitzen den Anschein von »Distanziertheit«, »Objektivität« und »Rationalität« und sind in einem neuen Machtspiel nicht sofort als Trumpfkarte zu erkennen.

Aber diese Vorgehensweise hat ein grundlegendes Problem: Veränderungen in Organisationen funktionieren nicht nach solchen zweckrationalen Planungsvorstellungen. Im Verlauf solcher zweckrational geplanter Veränderungsprojekte wird schnell deutlich, wie sich die Idee oder die Strategie abnutzt und an Attraktivität verliert. Je konkreter ein Masterplan in die Realität umgesetzt wird, desto deutlicher wird, dass dieses Konzept ähnliche Widersprüchlichkeiten birgt wie alle anderen vorher bekannten Organisationskonzepte auch. Je konsequenter das Soll-Ziel in einer Organisation umgesetzt wird, desto deutlicher werden die Brüche in der Zielvorstellung.

Gegen dieses Erodieren der Masterpläne und Sollzustände setzen dann häufig Immunisierungstendenzen sowohl der »Prozessherren« beziehungsweise der »Prozessherrinnen« in der Organisation als auch der beteiligten Berater ein: Fehler und Probleme im Veränderungsprozess werden personalisiert. Das Nichterreichen des ästhetischen Idealbildes wird auf das widerständige Verhalten von Mitarbeitern, die Uneinsichtigkeit des mittleren Managements oder die Unfähigkeit eines bestimmten Beraters zurückgeführt. Es wird eine Diskrepanz zwischen dem logischen, rationalen und schlüssigen Plan der zukünftigen Organisation und dem irrationalen, emotionalen Verhalten der Mitarbeiter aufgebaut. In einer solchen Phase existieren dann permanent Erklärungen wie »Wenn die Mitarbeiter mitziehen würden …«, »Wenn der Berater diesen Aspekt nicht übersehen hätte …« oder »Wenn das Vorstandsmitglied seine Energie nicht in andere Angelegenheiten gesteckt hätte …«. Durch diese Zuweisung von Problemen und Fehlern auf Personen wird das ästhetische, harmonische Bild der Organisation aufrechterhalten, weil die Probleme außerhalb des Systems (bei der Persönlichkeitsstruktur von Menschen) gesucht werden. Der Plan war gut, bloß leider waren die Menschen noch nicht weit genug.

Aber bei allem Verständnis für die Funktion der Personalisierung in Organisationen – die Probleme sind viel grundlegender.

2.3 Die Grenzen der zweckrationalen Sichtweise von Organisationen

Um zu wissen, dass das von Max Weber gezeichnete idealtypische Bild einer maschinenartigen Organisation mit der Wirklichkeit nichts zu tun hat, benötigt man die Organisationsforschung, die Jahrzehnte für diese Erkenntnis gebraucht hat, eigentlich gar nicht. Die meisten erfahrenen Praktiker wissen, dass die Realität wenig mit diesem vereinfachten zweckrationalen Verständnis von Organisationen zu tun hat. Diese stringenten und schlüssigen Selbstbeschreibungen, die man im Gros der Managementbücher, in vielen Artikeln der Wirtschaftspresse oder in den Foliengewittern auf Management-konferenzen finden kann, stehen in auffälliger Diskrepanz zu den Beschreibungen, die man von distanzierten Beobachtern über Veränderungsprozesse hört. Da werden Reorganisationsprojekte gestartet, nur damit in der Organisation alles beim Alten bleiben kann. Da werden trotz existierender Assessment-Center neue Mitarbeiter nicht wegen ihrer Eignung eingestellt, sondern weil es gut etablierte Netzwerke zwischen den Absolventen einer Hochschule gibt. Da werden Markterfolge nicht als das Ergebnis umfassender Szenarien- und Strategiekonferenzen erzielt, sondern sie entstehen als das Ergebnis zufälliger Erfindungen oder plötzlicher Markt-veränderungen. Das Leben in den Organisationen scheint viel aufregender zu sein, als es uns die schlüssigen und rationalen Selbstbeschreibungen glauben machen wollen – und es scheint sich den rationalen Masterplänen des Change Managements zu entziehen.

Organisationen, darauf hat der Soziologe James G. March (1990, S. 188 f.) aufmerksam gemacht, verändern sich ständig und häufig, aber in der Regel nicht so, wie es die Beteiligten wollen. Organisationen befinden sich in einem ständigen, routinemäßigen, mühelosen und reaktiven Veränderungsprozess, der sich aber – und das ist die Crux für die Beteiligten – nicht nach Belieben steuern lässt. Organisationen reagieren auf die Umwelt, aber sie verändern sich dann nicht so, wie es eine Gruppe aus Managern und Beratern ausgeheckt hat. Manchmal werden Anweisungen nicht befolgt. Manchmal werden sie stärker umgesetzt, als man eigentlich bezweckt hat. Nur ganz selten scheinen Organisationen genau das zu tun, was man ihnen aufgetragen hat.

Mit Stichworten wie »Unsicherheit«, »Unsteuerbarkeit«, »Kontingenz«, »begrenzte Rationalität« und »Rationalitäts-lücken« wird auf die prinzipielle Unmöglichkeit verwiesen, Organisationen ausgehend von einem Metazweck durchzukonstruieren. Organisationen, das ist von der verhaltenswissenschaftlichen Entscheidungstheorie inzwischen überzeugend herausgearbeitet worden, operieren in der Regel auf der Basis einer Vielzahl von inkonsistenten und schlecht definierten Präferenzen (Cohen et al. 1990, S. 330 f.). Unternehmen beispielsweise können sich nicht allein auf das Ziel der Profitmaximierung konzentrieren. Sie müssen auch Anforderungen der Politik, der Gewerkschaften, der Verbraucherverbände oder von Umweltschutzinitiativen in ihr Kalkül aufnehmen. Da eine einzige Abteilung damit überfordert wäre, alle verschiedenen Umweltanforderungen gleichzeitig zu bearbeiten, bilden Organisationen intern verschiedene Funktionsbereiche aus, die jeweils auf die Bearbeitung einer Umweltanforderung spezialisiert sind. Die Abteilung Marketing ist das Scharnier zum Kunden. Die Abteilung Public Relations sorgt dafür, dass die Politik ein möglichst positives Bild der Organisation hat. Die Rechtsabteilung kümmert sich um Legalitätsprobleme, und die Abteilung Arbeitspolitik besänftigt die Gewerkschaften.

Dies äußert sich in einer Vielzahl von Dilemmata, Widersprüchen und Paradoxien. Organisationen brauchen beispielsweise klare Zielvorstellungen, aber auch die Bereitschaft, möglicherweise von den festgelegten Zielen abzuweichen. Es ist sinnvoll, dass sich Mitarbeiter mit Prozessen identifizieren, gleichzeitig behindert diese Identifikation aber auch die notwendigen Veränderungen. Eine Beteiligung von Mitarbeitern kann Wandlungspotenziale freisetzen, eine zu starke Einbeziehung der Mitarbeiter erschwert jedoch die Fokussierung der Organisation auf dominierende Zwecke. Selbstorganisation kann hilfreich sein, weil Lösungen vor Ort entwickelt werden; häufig gewährleistet jedoch die Fremdorganisation eine höhere Originalität der Lösung. Organisationen sehen sich der Notwendigkeit ausgesetzt, Freiräume für Innovationen zu schaffen; dieser Aufbau von Puffern lässt jedoch häufig den organisatorischen Schlendrian einziehen. Organisationen sind auf erfolgreiche Lernprozesse angewiesen, aber gerade erfolgreiche Lernprozesse sind manchmal auch für den Niedergang von Organisationen verantwortlich. Deswegen kann gerade die Vermeidung von Lernen eine sinnvolle Strategie sein (siehe dazu Kühl 2015a).

Dadurch, dass die unterschiedlichen Anforderungen in der Organisation selbst abgebildet werden müssen, entstehen zwangsläufig Organisationen mit inkonsistenten Zielen und Logiken. Der Konflikt zwischen Rechtsabteilung, dem Bereich Forschung und Entwicklung und der Stabsstelle Arbeitspolitik darüber, ob ein neues Produktionsverfahren eingeführt wird, ist eine Auseinandersetzung, die fast zwangsläufig durch die unterschiedlichen Umweltbezugspunkte der einzelnen Abteilungen entstehen muss. Konsequenz dieser Ausrichtung der Organisation auf ganz verschiedene Umwelten ist, dass zwar unterschiedliche Umweltanforderungen bearbeitet werden können, jedoch die Organisation intern keine Rationalisierung mehr im Hinblick auf lediglich ein Bezugsproblem vornehmen kann.

Wie kann jetzt eine Gestaltung von Organisationen aussehen, die eine zweckrationale Verengung vermeidet?

3 Wie kann man Organisationsstrukturen gestalten?

Reformprojekte in Organisationen setzen in der Regel an den formalen Strukturen an, weil diese besonders sichtbar sind. Es soll eine neue Vertriebsstruktur etabliert werden, um ein neues Marktsegment aufzubauen. Es soll eine neue »kommunikationsunterstützende Architektur« des Unternehmens geschaffen oder eine neue Maschinenanordnung vorgenommen werden. Die Personalstruktur soll geändert werden, beispielsweise indem zusätzliche ausländische Mitarbeiterinnen und Mitarbeiter eingestellt werden. Die Abläufe einer Organisation sollen neu konzipiert werden, zum Beispiel indem von einer Steuerung über Konditionalprogramme auf eine Steuerung durch Zweckprogramme umgestellt wird.

Dass sich Veränderungsprojekte an den formalen Strukturen orientieren, ist nachvollziehbar, weil die sichtbaren Strukturen einer Organisation allgemein bekannt und damit leichter erwähn- und diskutierbar sind. Das Topmanagement kann so eine Vorstellung bekommen, wie viele Ressourcen durch das Projekt gebunden werden. Die vom Projekt betroffenen Linienmanager erhalten Antworten, was sich in ihrer Organisation ändern soll. Die Berater erhalten einen klar formulierten Auftrag, um ihre eigene Kostenkalkulation vornehmen zu können und den Personaleinsatz zu planen. Das führt dazu, dass sich der komplette Veränderungsprozess von Beginn an an den offensichtlichen Strukturen orientiert.

Die einseitige Orientierung an den sichtbaren Strukturen fällt häufig erst dann auf, wenn die Veränderungsprojekte auf Widerstände, Überraschungen, Störungen treffen. Dies ist beispielsweise der Fall, wenn eine Organisation Schwierigkeiten hat, Veränderungen in ihrer Umwelt wahrzunehmen, weil sie aufgrund ihrer Struktur gar keine Sensoren dafür hat (siehe dazu unser Essential »Märkte explorieren«). Oder wenn ein alle überzeugendes Vorhaben daran scheitert, dass das Machtgleichgewicht zwischen einflussreichen Akteuren durcheinanderzugeraten droht. Oder wenn eine Strukturreform, von der alle Beteiligten überzeugt sind, sich nicht durchsetzt, weil sich in der Praxis zeigt, dass die Organisation nach ganz anderen Regeln funktioniert. Oder es wird deutlich, dass eine neu ausgehandelte Aufgabenverteilung aufgrund »heimlicher Spielregeln« nicht wirksam werden kann. Im Folgenden wird ein Ansatz dargestellt, der systematisch an diesen blinden Flecken ansetzt.

3.1 Beobachtungslatenzen – der Ansatzpunkt bei der Gestaltung

Wie gezeigt, verfügt jede Organisation mit der Bildung von Strukturen über einen »Trick«, sich beständig und berechenbar zu machen. Durch diese Strukturen entwickeln Organisationen zwangsläufig einen hoch selektiven Blick. Sie entwickeln eine hohe Sensibilität für Bestimmtes und eine ausgeprägte Insensibilität für alles Übrige. Sie beobachten einiges, aber vieles entzieht sich ihren Beobachtungen. Ein deutscher Automobilkonzern interessiert sich nicht für die Änderung der Agrarbestimmungen in Frankreich (und hat auch keine Routinen, um diese wahrzunehmen). Eine Internetfirma hat kein Auge für die Entwicklungen auf dem Arbeitsmarkt für Reinigungsfachkräfte – außer wenn sie virtuelle Reinigungstätigkeiten anbietet. Eine Firma, die keine Schichtarbeit nötig hat, entwickelt keine Routinen, um die neuesten Studien zur Belastung bei Nachtarbeit wahrzunehmen.

Diese Latenz in der Beobachtung hängt nur zu einem geringen Grad an konkreten Menschen, schließlich ist das Personal nur ein Strukturtypus von Organisationen. Sicherlich – wenn eine Person auf eine Spitzenposition wechselt, kann die Organisation neue Perspektiven entwickeln, weil eine Spitzenposition vergleichsweise wenig durch die Kommunikationswege und Programme der Organisation geprägt wird. Aber in vielen Fällen bleiben – auch wenn das Personal wechselt – die blinden Flecken in einer Organisation die gleichen. Der Spruch »Wenn Siemens wüsste, was Siemens weiß«, mit dem auf das von Externen beobachtete verborgene Innovationspotenzial dieses Unternehmens hingewiesen wurde, hat deshalb eine gewisse Weisheit, weil die blinden Flecken bei Siemens bezüglich eigener Innovationsmöglichkeiten auch bei einem Wechsel des Personals weitgehend konstant blieben.

Latenzen, blinde Flecken und Tabus sozialer Systeme

Wenn Praktiker über Latenzen, blinde Flecken oder Tabus reden und schreiben, dann geht es darum, dass sich im Unterbewusstsein von Menschen wichtige Erfahrungen verbergen (Bewusstseinslatenz). Die Bezugnahme auf die Tradition der Freudianischen Psychoanalyse ist unübersehbar. Der Mensch, so die Grundannahme, bildet »Abwehrmechanismen« wie Leugnung oder Verdrängung aus, womit dieser blinde Fleck erhalten bleibt. Der blinde Fleck ist dann, so die für den Fachmann ermutigende Aussage, dem therapeutischen oder beraterischen Fachpersonal zugänglich, und indem er vom Fachpersonal aufgedeckt wird, können wichtige Impulse für den Klienten gesetzt werden.

Die systemtheoretische Soziologie – und die durch sie angeregten Management- und Beratungsansätze – interessieren sich nicht für diese Latenzen im Bewusstsein von Menschen. Mit Hilfe der Systemtheorie kann (und will) man nicht in den Kopf von Menschen hineinschauen und überlässt die Bestimmung solcher blinden Flecken der Medizin, der Wahrnehmungspsychologie oder der Psychoanalyse. Vielmehr geht es um die Latenzen, die soziale Systeme aufgrund ihrer Struktur ausbilden.

Bei Beobachtungen lassen sich Latenzen – oder anders ausgedrückt: blinde Flecken – nicht vermeiden. Die Unterscheidungen, die ein Beobachter nutzt, können vom Beobachter selbst nicht beobachtet werden. Sie sind der blinde Fleck des Beobachters. Oder noch grundlegender mit Niklas Luhmann ausgedrückt: Die eigene Unterscheidung wird als blinder Fleck benutzt, der überhaupt erst die »Möglichkeit des Beobachtens organisiert und nur im Tausch gegen einen anderen Blindfleck ersetzt werden kann« (Luhmann 1989, S. 217).

Dieses hohe Maß an Selektivität in der Beobachtung ist funktional, weil soziale Systeme sich nur so gegenüber ihrer Umwelt abgrenzen können. Organisationen können nur existieren, weil sie sich durch ihre Strukturen einen hoch selektiven Blick geben und sich gerade mit den von ihnen gepflegten blinden Flecken gegen die Komplexität der Welt abschotten. Bei dem Versuch, die Gestaltung von Organisationen zu steuern, kommt es darauf an, die ausgeblendeten Alternativen in den Organisationen mehr oder minder gesteuert sichtbar zu machen.

Beispiel für Beobachtungslatenzen – die Einbettung eines Beratungsunternehmens

Ein auf Beratung von Ministerien und öffentlichen Verwaltungen in Entwicklungsländern spezialisiertes französisches Beratungsunternehmen hatte sich entschlossen, ein zweijähriges Ausbildungsprogramm für Manager und Berater aus französischsprachigen Entwicklungsländern aufzubauen. Dadurch wollte die Firma ein drittes Standbein neben dem Beratungs- und Evaluierungsgeschäft aufbauen. Auch wenn die Berater zwischen den Bereichen hin- und herwechselten, entstanden bei den Kommunikationswegen faktisch drei Abteilungen mit jeweils eigenen lokalen Rationalitäten.

Mit der zunehmenden, zuerst eher unbemerkt ablaufenden Ausrichtung der Firma an finanziellen Leistungsindikatoren wurde immer deutlicher, dass mit dem Ausbildungsprogramm kein Geld verdient wurde. Je stärker die Kostenkontrolle in der Firma wurde, desto mehr gerieten die beiden für das Programm verantwortlichen Mitarbeiterinnen unter Druck, sich für die Existenz ihres Geschäftsfeldes zu rechtfertigen.

Im Rahmen einer Reorganisation des ursprünglich als Genossenschaft organisierten Beratungsunternehmens wurde dann auch für alle offensichtlich, dass die Firma mit dem Ausbildungsprogramm nicht nur kein Geld verdiente, sondern faktisch Geld verlor. Aber im Rahmen der Reorganisation wurde auch zunehmend klar, dass die Funktion des Ausbildungsprogramms für das Unternehmen gar nicht darin bestand, Geld zu verdienen, sondern vielmehr drei Funktionen wichtiger geworden waren, die ursprünglich gar nicht im Beobachtungsfokus der Firma gelegen hatten.

Erstens hatte das Ausbildungsprogramm eine wichtige Akquise-Funktion. Weil in dem Ausbildungsprogramm die Berater der Firma als Referenten auftraten und immer wieder eigene Fälle einbrachten, konnten die Manager aus den Entwicklungsländern die Denk- und Vorgehensweise der Beratungsfirma genau kennenlernen. So ergaben sich Kontakte, die indirekt zu einer Reihe von Aufträgen für die beiden Bereiche Beratung und Evaluierung führten.

Zweitens hatte das Ausbildungsprogramm dazu beigetragen, dass einige Teilnehmer als Berater in das französische Unternehmen eintraten. Durch das Programm bestanden enge Kontakte zwischen Ausbildern und Teilnehmern, und die Ausbilder entwickelten ein gutes Gespür dafür, welcher Teilnehmer eventuell auch als fester Mitarbeiter des Beratungsunternehmens in Frage käme. Im Fall von Projekten in einzelnen Ländern konnte die Firma dann auf diese ehemaligen Teilnehmer als Kooperationspartner zurückgreifen.

Drittens zwang das Ausbildungsprogramm das Beratungsunternehmen dazu, die eigene Vorgehensweise zu explizieren. Insofern lernten nicht nur die Teilnehmer des Programms, sondern gerade auch die Berater, die Teile des Ausbildungsprogramms übernahmen. Die zentrale Funktion des Programms – so wurde im Rahmen der Reorganisation deutlich – bestand gar nicht so sehr im Geldverdienen, sondern darin, auf das Unternehmen dahingehend Druck auszuüben, sich auf eine einheitliche Darstellung der eigenen Vorgehensweise zu einigen.

Durch die Konzentration auf die Profitabilität der einzelnen Geschäftsfelder waren diese Funktionen ausgeblendet worden. Hintergrund war eine Verschiebung in der Ausrichtung der anfänglich als Genossenschaft organisierten Beratungsfirma. Während der Wert des Unternehmens ursprünglich besonders an der Reputation in der französischen Beraterszene und an der Durchführung interessanter Projekte hing, gewann über die Jahre der von einzelnen Beratern generierte Umsatz zentrale Bedeutung, und Anerkennung wurde maßgeblich über vom Umsatz abhängige Prämienzahlungen am Ende des Jahres ausgesprochen.

Als Reorganisationsmaßnahme wurde deswegen vereinbart, dass die beiden Mitarbeiterinnen prozentuelle Anteile von beiden Bereichen bekommen sollten, wenn sich aus dem Weiterbildungsprogramm heraus Beratungs- oder Evaluierungsaufträge entwickelten, neue Mitarbeiter rekrutiert würden oder Publikationen entstünden. Weil die Zurechnung von akquirierten Projekten, neuen Mitarbeitern und Publikationen auf das Ausbildungsprogramm schwierig war, schlief dieses Programm schnell wieder ein. Aber durch die Debatte war der Wert des Programms für die Firma deutlich geworden.

Die Beobachtungslatenz – die notwendige Ausbildung von blinden Flecken – ist aber nur eine Form von Latenz, die in Organisationen auftritt. Es gibt auch häufig die Situation, dass Phänomene – zum Beispiel in Form existierender Strukturen oder naheliegender Strukturänderungen – von fast allen Beteiligten gesehen werden, aber nicht angesprochen werden können. Diese fehlende Möglichkeit zur Thematisierung kann man als Kommunikationslatenz bezeichnen.

3.2 Kommunikationslatenz – eine erste Bestimmung

Kommunikationslatenz bezeichnet die Unmöglichkeit, Themen in einer Kommunikation anzusprechen. Will man einen durch die Psychoanalyse geprägten Begriff nutzen, kann man auch von einem »Tabu« sprechen. In der Sprache von Managern und Beratern wird diese Kommunikationslatenz häufig auch als »Hidden Agenda« bezeichnet. Es geht – um die komplizierte systemtheoretische Formulierung zu nutzen – um das »Fehlen bestimmter Themen zur Ermöglichung und Steuerung von Kommunikation« (Luhmann 1984, S. 457).

Die Kommunikationslatenz muss von allen an einer Kommunikation Beteiligten sorgfältig gepflegt werden, weil sie die Funktion eines »Strukturschutzes« hat (Luhmann 1984, S. 459). Wenn man beispielsweise gefragt wird, warum man auf einem internationalen Kongress für Supervision und Coaching einen Vortrag hält, mag – auch für sich selbst einsichtig – Eitelkeit ein treibendes Motiv sein, aber dieses Motiv ist nicht offen kommunizierbar. Man kann, hingewiesen auf die Frage nach Motiven, nicht einfach antworten: »Weil ich ein eitler Kerl bin und zeigen möchte, dass ich über dieses Thema mehr zu sagen habe als XY«. Stattdessen werden in der Kommunikation legitime Motive bedient. Man verweist darauf, dass man eingeladen worden sei, man suggeriert, dass man nicht in erster Linie sich selbst, sondern anderen einen Gefallen tue, und wird dann ein paar Worte über die Wichtigkeit des Themas verlieren (Reemtsma 2008, S. 407).

Welche Themen einer Kommunikationslatenz ansprechbar sind, lässt sich häufig nicht genau sagen. Aber in der Regel ahnt man als Beobachter, welche Themen nicht angeschnitten werden können. In Organisationen sind die Aspekte der Formalstruktur – die offiziellen Kommunikationswege, die verabschiedeten Programme und die verkündeten Personalentscheidungen – meistens problemlos ansprechbar. Viele im Informalen ablaufenden Macht-, Vertrauens- und Verständigungsprozesse sind dagegen nicht ohne Weiteres offen thematisierbar. Das kann insofern ein Problem sein, als Organisationen auf diese informalen, häufig sogar illegalen Praktiken angewiesen sind, diese sich aber aufgrund der Kommunikationslatenzen einem gesteuerten Veränderungsprozess zu entziehen drohen.

Der Grund dafür ist einfach. Normalerweise sind bei einem regelkonformen Verhalten die Handelnden auf der sicheren Seite. Die Regelung kann im Einzelfall noch so schwachsinnig sein. Der Verweis auf die in den Geschäftsprozessen festgelegte Prozedur reicht aus, um die Handlung der Mitarbeiter zu rechtfertigen. Es herrscht ein »strukturkonservativer« Umgang mit Regeln vor. Die für die Gestaltung von Organisationen jetzt zentrale Idee Niklas Luhmanns (1973, S. 324 ff.) ist, dass beim Abweichen vom vorgeschriebenen Programm nicht automatisch der Abweichende bestraft wird, sondern dass lediglich die Rechtfertigungslast neu verteilt wird. Der Abweichende wird nicht automatisch wegen einer Regelabweichung abgestraft, sondern muss sich mit dem Hinweis auf Systemanforderungen rechtfertigen, weswegen er so (regelabweichend) und nicht anders (regelkonform) gehandelt hat. Es geht also um einen »strukturkritischen« Umgang mit Abweichungen.

Beispiel: Kommunikationslatenzen in einem Gebäudemanagementunternehmen (siehe ausführlich dazu Kühl 2007, S. 284 ff.)

Man kann die Kommunikationslatenzen an dem Unternehmen Technical Facility Management (TFM) illustrieren. TFM ist landesweit für das Gebäudemanagement in Flughäfen zuständig. Die Gebäudemanagementtätigkeiten reichen von einfachen Aufgaben wie dem Auswechseln von Glühbirnen bis hin zu komplexen Operationen wie der Reparatur von Rolltreppen und der Wartung von Parkticketautomaten und Computernetzen. TFM war im Rahmen der von Beratern vorangetriebenen Mode zur Ausgliederung von Unternehmensteilen, die nicht zur Kernkompetenz einer Organisation gehören, als selbständige Tochter (aber im hundertprozentigen Besitz des Konzerns) ausgegliedert worden.

Die Gebäudemanagementfirma befand sich in einem Spannungsfeld zwischen zwei widersprüchlichen Zwecken. Einerseits war die Firma in einen Konzern eingebunden, der einen öffentlichen Versorgungsauftrag hatte. Weil sich der Konzern im alleinigen Besitz des Staates befand, war das Gebäudemanagementunternehmen in restriktive staatliche Regelungen eingebunden. Andererseits sollte das Unternehmen unter Preis- und Qualitätsgesichtspunkten mit kleineren, in den einzelnen Städten ansässigen Hausmeisterfirmen konkurrieren.

Der Effekt war, dass die Handwerkerteams Aufträge an Subunternehmer über ähnlich aufwendige Verfahren vergeben mussten wie Gemeinden oder Städte, sich aber gleichzeitig dem Druck ausgesetzt sahen, Kundenanforderungen ähnlich schnell zu bearbeiten wie selbständige Handwerksmeister, die nicht an diese Vergabeverfahren gebunden sind. Von den Handwerkerteams wurde erwartet, dass sie Läger mit Ersatzteilen für die Rolltreppen, Klimaanlagen oder Ticketautomaten auflösten. Gleichzeitig wurde aber von den Teams erwartet, dass sie in der Lage waren, die Maschinen innerhalb kürzester Zeit wieder in Gang zu setzen, da ansonsten die im öffentlichen Interesse liegende Aufrechterhaltung der Verkehrswege nicht hätte gewährleistet werden können.

Deswegen bildeten die Handwerkerteams vielfältige informale Prozesse aus. Beispielsweise verfügten einige Handwerkerteams über eine Vielzahl von Räumen – und zwar trotz der Vorgabe des Managements, dass die von den Flughäfen zur Verfügung gestellten Werkstatt- und Lagerräume reduziert werden sollten. Ein Großteil der von den Handwerkerteams genutzten Räume war »illegal« und tauchte in keiner Aufstellung des vermietenden Konzerns oder der mietenden Gebäudemanagementfirma auf. Über die Jahrzehnte hatten sich Wartungsteams immer wieder Lüftungsräume, Stauräume unter Rolltreppen, ehemalige Fahrzeugwärterräume und vergessene Abstellräume »angeeignet«. Diese Räume hatten sich über die Jahre zu bequemen Einzelarbeitsplätzen für Mitarbeiter entwickelt, die teilweise mit Tapeten, Teppichen, Mikrowellenherden und in einem Fall mit einem Le Pen-Bildchen ausgestattet waren. Weder die Teamleiter noch die Mitarbeiter hatten ein Interesse daran, diese »illegalen Räume« aufzulösen, weil dafür keine Miete gezahlt werden musste und so im gesamten Gebäudekomplex dezentrale Lager- und Arbeitsräume zur Verfügung standen.

In den einzelnen Workshops bildeten sich stillschweigende Vereinbarungen zwischen Teamleitern, Beratern und internen Organisationsentwicklern darüber aus, welche informalen Aspekte ansprechbar waren und welche nicht. Ein Team signalisierte deutlich, dass man bereit sei, sich aktiv an der Freiräumung einiger genutzter Räume zu beteiligen, wenn die Grundproblematik der weit über zwanzig belegten, aber nicht offiziell registrierten Räume nicht angesprochen würde. In einem anderen Team wurde den Beratern Zugang zu den Daten über die verschiedenen Arten der Auftragsvergabe gewährt, dafür aber erwartet, dass der hohe Anteil an kaschierten Notdiensten in dem Team nicht offen problematisiert wurde.

Besonders in den Abschlusspräsentationen für das Topmanagement wirkten die externen Berater und die internen Organisationsentwickler aktiv am Schutz der informalen Lösungen mit. Bei einem Rundgang mit dem Niederlassungsleiter und den Vertretern der Konzernzentrale bei Ende des Workshops wurden die aufgeräumten Läger präsentiert. Es wurde der Eindruck vermittelt, die Gäste bekämen alle von TFM an diesem Standort genutzten Räume zu sehen. Während der Tour trat jedoch ein jüngerer Handwerker in TFM-Uniform aus einem der illegalen Räume heraus und lief dem Niederlassungsleiter direkt in die Arme. Nicht nur der Teamleiter und der Berater versuchten, den jungen Handwerker schnell wieder in den Raum zu drängen, auch der Niederlassungsleiter versuchte alles, um den Vorfall zu übersehen. Beim Workshop war die Pflege der Schauseite allen Beteiligten wichtiger als die Diskussion der informalen Prozesse.

Wie geht man jetzt vor dem Hintergrund der existierenden Beobachtungs- und Kommunikationslatenzen konkret vor?

3.3 Identifizierung von mobilen und immobilen Strukturmerkmalen

Aller Rhetorik à la »Wandel ist bei uns das einzig Stabile« auf der Schauseite von Organisationen zum Trotz gibt es in jeder Organisation eine Vielzahl von Strukturmerkmalen, die faktisch immobil sind. Aufgrund einer – letztlich ja durch die Organisationsstruktur – festgelegten Sicht auf die Umwelt werden manche Strukturen als so »alternativlos« betrachtet, dass es sich gar nicht lohnt, sie verändern zu wollen. Manche Strukturmerkmale sind so tief in die Organisationskultur eingefasst, dass man mit Veränderungen in der Formalstruktur gar nicht an sie nicht herankommt, manchmal sogar gar nicht in der Lage ist, sie überhaupt anzusprechen. Bei anderen Strukturmerkmalen gibt es so starke mikropolitische Interessen an deren Aufrechterhaltung, dass auch das Topmanagement sich nicht an eine Veränderung herantraut.

In einem Prozess zur (Um-)Gestaltung von Organisationen geht es darum, diese immobilen Strukturmerkmale zu identifizieren. Dafür schaut man sich die relevanten Strukturtypen einer Organisation an unter Aspekten wie: Lassen sich Programme ändern, und wenn ja, welche? Können die existierenden Kommunikationswege geändert werden, und wenn ja, in welcher Form? Welche Einstellungen, Versetzungen und Entlassungen von Personen sind möglich, um den Typus von Entscheidungen an einzelnen Stellen zu beeinflussen? Auf der Basis der gewonnenen Erkenntnisse lassen sich dann die Chancen für verschiedene Veränderungsvorhaben identifizieren.

Wenn man zum Beispiel den Weltfußballverband – die FIFA – nimmt, dann kann man sehen, dass als Reaktion auf die vielfältigen Korruptionsfälle letztlich wenige Möglichkeiten bleiben. Die zentralen Entscheidungsprämissen bei der FIFA waren immobilisiert. Stark vereinfacht: Eine Veränderung des Personals an der Spitze war lange Zeit ausgeschlossen, weil der FIFA-Präsident nach Bekanntwerden der Skandale nicht bereit gewesen ist, auf sein Amt zu verzichten und sein Unterstützungsnetzwerk aus den Präsidenten kleinerer afrikanischer, asiatischer und amerikanischer Fußballverbände stabil war. Veränderungen von Konditionalprogrammen wie beispielsweise Amtszeitbegrenzungen à la »Wenn jemand zweimal als Delegierter am FIFA-Kongress teilgenommen hat, darf er nicht noch einmal daran teilnehmen« waren faktisch ausgeschlossen, weil dies die existierenden Netzwerke zu stark angegriffen hätte. Übrig blieb zur Reparatur der Schauseite letztlich nur eine Veränderung der Kommunikationswege – nämlich die Einrichtung eines Independent Governance Committee, das Reformvorschläge erarbeitete, die jedenfalls in den bereinigten Varianten die zentralen Entscheidungsprämissen nicht in Frage stellten (siehe FIFA 2012; zum Hintergrund zur FIFA siehe Jennings 2006).

Auch wenn es bei jeder Intervention darauf ankommt, den Zusammenhang zwischen den drei Strukturtypen Programme, Kommunikationswege und Personal mit ihren Ausprägungen auf der Schauseite, der formalen Seite und der informalen Seite im Blick zu haben, so ist es ein Fehler, im Sinne eines »ganzheitlichen Ansatzes« bei Reorganisationen an allen Strukturtypen gleichzeitig ansetzen zu wollen. Aus einer systemtheoretischen Perspektive steckt hinter diesem ganzheitlichen Gestaltungsanspruch eine unrealistische Steuerungsfantasie. Niklas Luhmann (1964, S. 140) spricht davon, dass es »vielleicht nur ein einziges unausweichliches Organisationsgesetz« gibt: Es kann in einer Organisation nicht alles gleichzeitig verändert werden! Die Organisation würde sich völlig übernehmen, wenn sie versuchen würde, an allen Stellschrauben gleichzeitig zu drehen. Sie würde Gefahr laufen, sich kaum wiederzuerkennen, und angesichts dieser Gefahr vermutlich in eine Schockstarre verfallen.

3.4 Zur Produktion von Variationen in der Organisation

Wenn mobile Strukturmerkmale in der Organisation identifiziert wurden, kommt es darauf an, Variationen für diese mobilen Strukturmerkmale zu entwickeln, die für die Organisation eine attraktive Alternative sein könnten. In vielen klassischen Veränderungsprozessen wird dabei auf die »Best Practice« in anderen Organisationen zurückgegriffen. Das kann Vorteile haben, weil ein Vorschlag für eine neue Struktur mit den Erfolgsmeldungen auf der Schauseite vermeintlicher »Vorreiterorganisationen« verkauft werden kann. Eine systemtheoretisch informierte Gestaltung von Organisationen würde auf eine solche Möglichkeit nicht verzichten, aber die Variation eher aus den »Latenzen« der Organisation selbst schöpfen.

Die Überlegung dabei ist, dass in diesen Latenzen der Zugang zu anderen – vielleicht auch geeigneteren – Organisationsstrukturen liegt. Es geht darum, das aufgrund früherer Strukturentscheidungen »nicht Vorhandene« und »nicht Sichtbare« an die Oberfläche zu bringen und für Mitarbeiter besprechbar zu machen. Gerade weil Organisationen immer mit widersprüchlichen Anforderungen konfrontiert werden und diese widersprüchlichen Anforderungen durch Strukturentscheidungen teilweise ausgeblendet werden, gibt es Möglichkeiten, dieses Ausgeblendete sichtbar zu machen.

Eine Möglichkeit besteht darin, die in jeder Organisation angelegten Dilemmata über die vorhandenen Konfliktkonstellationen zum Vorschein zu bringen. Mit dem Begriff des Dilemmas wird auf die Schwierigkeiten angesichts zweier gegensätzlicher Alternativen verwiesen, wenn für beide gleich gute Gründe sprechen. Im Gegensatz zum prinzipiell nicht aufzulösenden Paradox wird mit dem Begriff des Dilemmas stärker der Druck auf die Organisation betont, sich für eine der Alternativen zu entscheiden, obwohl eine genau entgegengesetzte Handlungsempfehlung ähnlich attraktiv erscheint.

Die Dilemmata werden in der organisatorischen Praxis normalerweise ausgeblendet. Eine erste auf die Sachdimension zielende Strategie besteht darin, zwar die Entstehung lokaler Rationalitäten durch die Ausbildung von klar voneinander abgetrennten Abteilungen zuzulassen, die daraus resultierenden Konflikte dann jedoch durch die Zurverfügungstellung überschüssiger Ressourcen abzumildern. Schon Richard

M. Cyert und James G. March (1992, S. 41 ff.) haben darauf hingewiesen, dass in hierarchischen, stark arbeitsteilig strukturierten Organisationen Zielkonflikte dadurch reduziert werden können, dass die konkurrierenden Ziele jeweils unterschiedlichen organisatorischen Einheiten zugewiesen werden. Die in der Organisation bestehenden Zielkonflikte werden in Konflikte zwischen Abteilungen übersetzt, die aber durch ausreichenden Slack – »organisatorischen Schlupf« – reduziert werden können. So können überschüssige Finanzressourcen dazu beitragen, dass konkurrierende Abteilungen nicht zu gemeinsamen Entscheidungen kommen müssen. Zwischenläger reduzieren die Auseinandersetzungen zwischen Produktions- und Vertriebsbereich, weil nicht jede Störung sich gleich in der vor- bzw. nachgelagerten Abteilung auswirkt. Weil große, bürokratisch strukturierte Organisationen zur organisatorischen Zuordnung von Zielkonflikten auf unterschiedliche Einheiten besonders gut in der Lage sind und über Ressourcen verfügen, um die Zielkonflikte zwischen den Einheiten abzumildern, hält William H. Starbuck (1988, S. 67 f.) diese gar für besonders paradoxietolerant.

Eine zweite auf die Zeitdimension zielende Strategie zur Dilemmavermeidung besteht in Organisationen darin, jeweils nur eine Seite des Dilemmas zu betonen, sich aber die Option offen zu halten, zu anderen Zeiten die andere Seite in den Mittelpunkt des Handelns zu stellen. Aus dieser Perspektive kann man gerade die Geschichte vieler Unternehmen im zwanzigsten Jahrhundert als permanenten wellenartigen Wechsel zwischen zwei gegensätzlichen Polen begreifen. Nach einer Diversifizierungsphase kommt es zu einer Konzentration auf Kernkompetenzen, nach der wieder auf Diversifizierung gesetzt wird, um danach dann auf einige wenige Kernkompetenzen zu setzen (vgl. Brunsson und Olsen 1993, S. 35 ff.).

Eine dritte, auf die Sozialdimension zielende Strategie von Organisationen besteht darin, die Dilemmata als Problem von Organisationsmitgliedern zu reformulieren. Gerade bei der Ausbildung von Managerrollen – aber zunehmend auch von einfachen Mitarbeiterrollen – werden grundlegende Widersprüche der Organisation in persönliche Dilemmata übersetzt. Der Leiter einer Filiale muss die widersprüchlichen Forderungen des übergeordneten Managements nach kurzfristiger Profitabilität seines Geschäftsbereichs einerseits und nach langfristigen, die kurzfristige Profitabilität schwächenden Investitionen andererseits unter einen Hut bringen. Die Meisterin in der Produktion muss die Notwendigkeit einer ungestörten Fließproduktion und die rapiden Marktveränderungen sowie die Innovationswünsche des strategischen Managements vereinbaren. Bis zu einem gewissen Maß kann die Existenz des Managements damit begründet werden, dass es Dilemmata zu seinem eigenen Problem macht. Wenn die Umfeldbedingungen der Organisation eindeutig wären, dann könnte die Organisation sonst einfach ihren Großrechner zum Vorstandsvorsitzenden machen und die Positionen des mittleren Managements durch an den Großrechner gekoppelte Terminals ersetzen (vgl. Luhmann 1964, S. 214).

Bei der Gestaltung von Organisationen kommt es darauf an, die Dilemmata in kanalisierter Form besprechbar zu machen. Die Aufgabe des Managements von Unternehmen, aber auch von Verwaltungen, Krankenhäusern, Kirchen oder Hochschulen wird zunehmend darin gesehen, die Komplexitätswahrnehmung der Organisation zu erhöhen, indem es zur Entfaltung von Dilemmata beiträgt. Es gehe – so der Tenor – nicht mehr im Sinne von James D. Thompson (1967, S. 10 ff.) darum, das Management als unsicherheitsabsorbierende Einheit zu verstehen, die es einem wertschöpfenden technischen Kern ermöglicht, nach eindeutigen Prinzipien zu funktionieren, sondern vielmehr darum, das Management als Dilemmataentfaltungsinstanz zu betrachten (vgl. Weick 1985, S. 314).

Das bedeutet einen grundlegend anderen Umgang mit

Konflikten, die sich aufgrund der widersprüchlichen Anforderungen in der Organisation ergeben. Die klassische zweckrationale Sichtweise auf Konflikte ist, dass sie dadurch entstehen, dass sich eine Gruppe von Betroffenen gegen für die Organisation sinnvolle Vorschläge zur Wehr setzt und dass diese Mitarbeiter durch Überzeugungsarbeit, Information und – wenn alles nicht hilft – durch Druck zur Einsicht in die Notwendigkeit gebracht werden müssen. Mit dem Begriff »Widerstand« wird dabei suggeriert, dass sich Mitarbeiter gegen rationale Entscheidungen des Managements, gegen die durchdachten Interventionen der Berater oder gegen eine vermeintlich konsensual getragene Entscheidung einer Gruppe auflehnen. Es wird dabei suggeriert, dass es die eine richtige Sichtweise (die Sicht der Berater, die Entscheidung des Managements, die konsensuale Position der Gruppe) gibt, wie die Umwelt zu begreifen ist.

Dieses Einengen von Perspektiven mag hilfreich sein, wenn es darum geht, eine stromlinienförmige Organisation entsprechend der Sichtweise von Management oder Beratern aufzubauen. Wenn es aber darum geht, eine Vielzahl von Perspektiven aufzubauen, ist das vermeintlich widerständige Verhalten von Mitarbeitern immer als ein Versuch zu verstehen, eine zusätzliche Perspektive einzubringen oder aufrechtzuerhalten. Es bietet für die Gestaltung von Organisationen vielfältiges Material, mit dem gearbeitet werden kann.

Wie werden jetzt Selektionen aus den im Beratungsprozess entstehenden Variationen getroffen?

3.5 Zur Förderung von Selektionen

In der klassischen Vorstellung zur Organisationsgestaltung wird davon ausgegangen, dass in einem Beratungsprozess eine möglichst rationale Auswahl zwischen verschiedenen Handlungsalternativen stattfindet. Um die beste Entscheidung zwischen den Handlungsalternativen zu treffen, sollten – so die Logik – die Folgen der verschiedenen Strategien analysiert und gegeneinander abgewogen werden. Sowohl in der Expertenberatung als auch in der Organisationsentwicklung wird dann die erarbeitete Organisationsstruktur mit großem Werbeaufwand intern vermarktet. Die Mitarbeiter werden in großen Konferenzen zusammengerufen, um über die neue Struktur informiert zu werden, die neue Struktur wird in Mitarbeiterzeitungen dargestellt, und es werden eigene PR-Aktionen gestartet, um für die neuen Maßnahmen zu werben.

Ein zweckrationalitätsskeptischer Ansatz trennt sich konsequent von der Vorstellung, dass in einem Gestaltungsprozess eine optimale Lösung für eine Organisation gefunden werden kann. Wie sollten auch angesichts der widersprüchlichen Ziele in einer Organisation die optimalen Lösungen für eine Situation gefunden werden? Wie könnten bei der begrenzt zur Verfügung stehenden Zeit alle Folgen der verschiedenen erwogenen Alternativen evaluiert werden? Wie sollte man überhaupt die Hoffnung haben, die optimale Entscheidung zu treffen, wenn man noch nicht einmal alle möglichen Alternativen übersehen kann? In der mehrdeutigen Welt der Organisation, darauf hat unter anderem Karl Weick (1985, S. 352) aufmerksam gemacht, sind Entscheidungen lediglich angemessen oder unangemessen. Welche Strategie sich letztendlich durchsetzt, ist das Ergebnis von organisatorischen Eigendynamiken, zufälligen Marktentwicklungen und zufälligen Interessenkonstellationen.

Bildlich gesprochen: Im Rahmen eines Prozesses zur (Um-) Gestaltung einer Organisation ist es deswegen häufig sinnvoll, nicht nur einen erfolgversprechenden Zug in das Schienennetz der Organisation zu setzen, sondern gleich mehrere Züge parallel loszuschicken und zu schauen, wie sie sich in dem Netz halten. Die verschiedenen Züge können sich kreuzen, aneinander andocken, aber sie können auch um ein Gleis kämpfen oder gar kollidieren. Anders als bei einem Schienennetz, in dem es darauf ankommt, die Kollision von Zügen zu verhindern, sind Organisationen so gebaut, dass sie verschiedene, auch widersprüchliche Strategien gleichzeitig zulassen (vgl. March 1990, S. 200).

Man nutzt dabei die Fähigkeit von Organisationen, organisatorische Fettpolster (Slack) auszubilden, sodass unterschiedliche, auch konkurrierende Strategien mit Ressourcen ausgestattet werden können. Die Prozesse in Organisationen sind häufig nur locker miteinander gekoppelt, sodass auch widersprüchliches Handeln möglich wird. Und die Organisation ist zu symbolischem Handeln fähig, und dies ermöglicht es, die Mehrdeutigkeiten und Widersprüchlichkeiten nicht nach außen dringen zu lassen.

In der Phase der Selektion ist es Aufgabe des Managements und der Berater, die verschiedenen entstehenden, auch widersprüchlichen Konzepte und Ideen gegen das Immunsystem der Organisation zu schützen. Die Resistenz gegen neue Organisationsstrukturen, die bei einer starken PR für eine Maßnahme zu beobachten ist, soll möglichst vermieden werden. Eine effektive Methode ist die Darstellung der Veränderungen als »Experiment«, »Erprobung« oder »Versuch«. Darüber wird der Eindruck erweckt, dass durch die Reorganisationen nichts festgelegt, sondern alles noch offen und reversibel sei, je nachdem, zu welchen Ergebnissen man in diesen Prozessen kommt. Am Ende setzen sich die Experimente und Erprobungen durch, die mikropolitisch nicht verhindert werden können und am ehesten eine befriedigende Lösung für möglichst viele Gruppen in der Organisation darstellen. Letztlich ist es ein darwinistischer Prozess – es setzen sich die Variationen durch, die in der Lage sind, sich in einer Nische der Organisation zu entwickeln und sich von dort auszubreiten.

4 Zum Arbeiten mit Latenzen – Fazit

Eines ist bei dem Arbeiten mit Latenzen von Organisationen wichtig – es macht wenig Sinn, in einem Gestaltungsprozess alle Latenzen in einer Organisation aufdecken zu wollen. Damit würde die Funktion von Latenzen sträflich missachtet werden. Schließlich schützt Latenz die Struktur, indem sie abdunkelt, was wichtig ist, aber nicht gesehen werden sollte. Eine Managerin, die versuchen würde, alle Probleme ihrer Mitarbeiter, den Markt, die technischen Abläufe komplett zu verstehen, entspräche kaum dem aktuell gehandelten Leitbild der »Macherin«, sondern würde wohl eher als utopisch veranlagte »Organisationsversteherin« diskriminiert werden. Aus nachvollziehbaren Gründen sind Manager – und darauf hat schon Herbert A. Simon (1956, S. 129 ff.) aufmerksam gemacht – gar nicht daran interessiert, ihre Organisation lückenlos zu verstehen, sondern daran, »passende« Entscheidungen zu treffen.

Die Perspektive des zweiten Blicks auf eine Organisation – das Ins-Auge-Fassen von Latenzen – stellt einen Luxus dar, den man in Organisationen (aber auch in anderen Systemen) nicht unbedingt braucht. Ohne den ersten Blick wäre man in der Organisation blind – das Management würde nicht entscheiden, die Mitarbeitenden nicht produzieren, der Außendienst würde nichts verkaufen. Ob der zweite Blick sinnvoll ist, hängt von den Umständen ab: Den Sehenden kann es verwirren, wenn er die eigene Perspektive auf den Raum reflektieren muss. Denn die Spezifik der Perspektive beruht ja gerade darauf, dass sie sehen lässt, ohne als Perspektive jemals sichtbar zu werden.

Für ein systemtheoretisch orientiertes Managementverständnis ist es deswegen notwendig, zweischrittig an die Latenzen einer Organisation heranzugehen. Der erste Schritt besteht darin, festzustellen, welche Latenzen in einer Organisation vorhanden sind. Es wird aus einer Fremdbeobachtungsperspektive geschaut werden, welche Aspekte in der Organisation nicht (oder nur sehr eingeschränkt) wahrgenommen werden. Es geht darum, zu beobachten, welche dominanten Muster die Organisation zur Konstruktion ihrer Realität aufgebaut hat, mit welchen Differenzen primär operiert wird, was sie mit Hilfe der Differenz zu sehen bekommt und was nicht, welche spezifischen Blindheiten sie ausbildet und welche Konsequenzen sich daraus für sie ergeben. Der zweite Schritt besteht dann darin, zu schauen, welche Funktion die latenten Strukturen in einer Organisation haben. Hier muss auch herausgearbeitet werden, ob die latenten Strukturen so stark ausgeprägt sind, dass ein Arbeiten an ihnen die gesamte Organisation verunsichern würde oder ob es Sinn macht, an diesen Latenzen anzusetzen.

Die Bearbeitung der Latenzen schafft sie nicht aus der Welt, sondern bringt sie vielmehr in eine zu handhabende Form. Die widersprüchlichen Anforderungen, die sich hinter Latenzen verbergen, lassen sich von Führungskräften und Beratern in der Regel nicht auflösen (Weick 1985, S. 351). Es lassen sich nur mehr oder minder geeignete Möglichkeiten finden, damit umzugehen.

Literaturverzeichnis

Bardmann, Theodor M. (1994): Wenn aus Arbeit Abfall wird. Aufbau und Abbau organisatorischer Realitäten. Frankfurt a. M.: Suhrkamp.

Bardmann, Theodor M. (1997): Überall Schmarotzer oder: Vom endlosen Treiben der Parasiten. In: *gdi impuls* 2, S. 52–65.

Brunsson, Nils (1989): The Organization of Hypocrisy. Talk, Decisions and Actions in Organizations. Chichester et al.: John Wiley.

Brunsson, Nils; Olsen, Johan P. (1993): The Reforming Organization. New York: Routledge.

Cohen, Michael D.; March, James G.; Olsen, Johan P. (1990): Ein Papierkorb-Modell für organisatorisches Wahlverhalten. In: James G. March (Hg.): Entscheidung und Organisation: Kritische und konstruktive Beiträge. Wiesbaden: Gabler, S. 329–372.

Cyert, Richard M.; March, James G. (1992): A Behavioral Theory of the Firm. Cambridge: Blackwell.

Dalton, Melville (1959): Men Who Manage. New York: Wiley.

FIFA (2012): FIFA Governance Reform Project. First Report by the Independent Governance Comitee to the Executive Committee of FIFA. Basel: FIFA.

Friedberg, Erhard (1993): Le pouvoir et la règle. Paris: Seuil.

Jennings, Andrew (2006): FOUL! The Secret World of FIFA: Bribes, Vote-Rigging and Ticket Scandals. London: HarperSport.

Kieser, Alfred (1994): Fremdorganisation, Selbstorganisation und evolutionäres Management. In: *Zeitschrift für betriebswirtschaftliche Forschung* 46, S. 199–228.

Kühl, Stefan (1998): Von der Suche nach Rationalität zur Arbeit an Dilemmata und Paradoxen. Ansätze für eine Organisationsberatung in widersprüchlichen Kontexten. In: Jürgen Howaldt und Ralf Kopp (Hg.): Sozialwissenschaftliche Organisationsberatung. Berlin: Edition Sigma, S. 303–322.

Kühl, Stefan (2005): Organisation, Intervention, Reflexivität. In: David Seidl, Werner Kirsch und Martin Linder (Hg.): Grenzen der Strategieberatung. Eine Gegenüberstellung der Perspektiven von Wissenschaft, Beratung und Klienten. Bern, Stuttgart, Wien: Haupt Verlag, S. 343–365.

Kühl, Stefan (2007): Formalität, Informalität und Illegalität in der Organisationsberatung. Systemtheoretische Analyse eines Beratungsprozesses. In: *Soziale Welt* 58, S. 269–291.

Kühl, Stefan (2009): Zum Verhältnis von Beobachtungs- und Kommunikationslatenzen in Beratungsprozessen. In: Falko von Ameln, Josef Kramer und Heike Stark (Hg.): Organisationsberatung beobachtet. Hidden Agendas und Blinde Flecke. Wiesbaden: VS Verlag für Sozialwissenschaften, S. 128–138.

Kühl, Stefan (2010): Rationalitätslücken als Ansatzpunkt einer sozialwissenschaftlich informierten Organisationsberatung. In: Stefan Kühl und Manfred Moldaschl (Hg.): Organisation und Intervention. Ansätze für eine sozialwissenschaftliche Fundierung von Organisationsberatung. München, Mering: Rainer Hampp Verlag, S. 215–244.

Kühl, Stefan (2011): Organisationen. Eine sehr kurze Einführung. Wiesbaden: VS Verlag für Sozialwissenschaften.

Kühl, Stefan (2015a): Das Regenmacher-Phänomen. Widersprüche im Konzept der lernenden Organisation. 2. Aufl. Frankfurt a. M., New York: Campus.

Kühl, Stefan (2015b): Sisyphos im Management. Die vergebliche Suche nach der optimalen Organisationsstruktur. 2. Aufl. Frankfurt a. M., New York: Campus.

Luhmann, Niklas (1964): Funktionen und Folgen formaler Organisation. Berlin: Duncker & Humblot.

Luhmann, Niklas (1971): Reform des öffentlichen Dienstes. In: Niklas Luhmann (Hg.): Politische Planung. Opladen: WDV, S. 203–256.

Luhmann, Niklas (1973): Zweckbegriff und Systemrationalität. Frankfurt/M.: Suhrkamp.

Luhmann, Niklas (1975): Interaktion, Organisation, Gesellschaft. In: Niklas Luhmann (Hg.): Soziologische Aufklärung 2. Opladen: WDV, S. 9–20.

Luhmann, Niklas (1984): Soziale Systeme. Frankfurt/M.: Suhrkamp.

Luhmann, Niklas (1989): Kommunikationssperren in der Unternehmensberatung. In: Niklas Luhmann und Peter Fuchs (Hg.): Reden und Schweigen. Frankfurt a. M.: Suhrkamp, S. 209–227.

Luhmann, Niklas (1997): Die Gesellschaft der Gesellschaft. Frankfurt/M: Suhrkamp.

Luhmann, Niklas (2000): Organisation und Entscheidung. Opladen: WDV.

March, James G. (1990): Anmerkungen zu organisatorischer Veränderung. In: James G. March (Hg.): Entscheidung und Organisation: Kritische und konstruktive Beiträge. Wiesbaden: Gabler, S. 187–208.

March, James G.; Simon, Herbert A. (1958): Organizations. New York: John Wiley.

Neuberger, Oswald (1994): Zur Ästhetisierung des Managements. In: Georg Schreyögg und Peter Conrad (Hg.): Managementforschung 4. Berlin, New York: Walter de Gruyter, S. 1–70.

Reemtsma, Jan Philipp (2008): Vertrauen und Gewalt. Versuch über eine besondere Konstellation der Moderne. Hamburg: Hamburger Edition.

Rodríguez Mansilla, Darío (1991): Gestion organizacional. Elementos para su estudio. Santiago de Chile: Pontificia Universidad Católica de Chile.

Simon, Herbert A. (1956): Rational Choice and the Structure of the Environment. In: *Psychological Review* 63, S. 129–138.

Simon, Herbert A. (1957): Administrative Behavior. 2. Aufl. New York: The Free Press.

Starbuck, William H. (1988): Surmounting Our Human Limitations. In: Robert E. Quinn und Kim S. Cameron (Hg.): Paradox and Transformation. Toward a Theory of Change in Organization and Management. Cambridge: Ballinger, S. 65–80.

Thompson, James D. (1967): Organizations in Action. New York: McGraw-Hill.

Weick, Karl E. (1985): Der Prozeß des Organisierens. Frankfurt a. M.: Suhrkamp.

Lektürehinweise – für ein organisationstheoretisch informiertes Verständnis von Organisationen

Unser Anspruch ist es, für Praktiker, die sich für einen organisationstheoretisch informierten Zugang zu Organisationen interessieren, ein umfassendes Angebot an aufeinander Bezug nehmenden Texten zur Verfügung zu stellen. Im Einzelnen besteht dieses Angebot aus folgenden Bausteinen:

Eine grundlegende Einführung in ein systemtheoretisches Verständnis von Organisationen
Kühl, Stefan (2011): *Organisationen. Eine sehr kurze Einführung*. Wiesbaden: VS Verlag für Sozialwissenschaften.

Grundlegend zur Rolle von Macht, Verständigung und Vertrauen in Organisationen
Kühl, Stefan (2015): *Laterales Führen. Eine kurze organisationstheoretisch informierte Handreichung zu Macht, Vertrauen und Verständigung*. Wiesbaden: Springer VS.

Anwendungen auf verschiedene Anlässe in Organisationen

Kühl, Stefan; Muster, Judith (2015): *Organisationen gestalten. Eine kurze organisationstheoretisch informierte Handreichung.* Wiesbaden: Springer VS.

Kühl, Stefan (2015): *Leitbilder erarbeiten. Eine kurze organisationstheoretisch informierte Handreichung.* Wiesbaden: Springer VS.

Kühl, Stefan (2015): *Strategien entwickeln. Eine kurze organisationstheoretisch informierte Handreichung.* Wiesbaden: Springer VS.

Kühl, Stefan (2015): *Märkte explorieren. Eine kurze organisationstheoretisch informierte Handreichung.* Wiesbaden: Springer VS.

Kühl, Stefan (2015): *Projekte führen. Eine kurze organisationstheoretisch informierte Handreichung.* Wiesbaden: Springer VS.

In den nächsten Jahren kommen in der Reihe Springer Essentials jeweils noch kurze organisationstheoretisch informierte Einführungen zu Interaktionsarchitekturen (z. B. Workshops, Großkonferenzen, Webkonferenzen) und zu Tätigkeiten in Organisationen (z. B. Managen, Führen, Beraten, Moderieren, Präsentieren, Evaluieren, Vergleichen) hinzu.

Organisationstheoretisch informierte Einmischungen in die aktuellen Managementdiskussionen

Kühl, Stefan (2015): *Wenn die Affen den Zoo regieren. Die Tücken der flachen Hierarchien.* 6., aktual. Aufl., Frankfurt a. M., New York: Campus.

Kühl, Stefan (2015): *Das Regenmacher-Phänomen. Widersprüche im Konzept der lernenden Organisation.* 2., aktual. Aufl., Frankfurt a. M., New York: Campus.

Kühl, Stefan (2015): *Sisyphos im Management. Die vergebliche Suche nach der optimalen Organisationsstruktur.* 2., aktual. Aufl., Frankfurt a. M., New York: Campus.

Überblick über die zentralen Bücher und Artikel der Organisationsforschung

Kühl, Stefan (Hg.) (2015): *Schlüsselwerke der Organisationsforschung.* Wiesbaden: Springer VS.

Überblick über quantitative und qualitative Methoden zum Verständnis von Organisationen

Kühl, Stefan; Strodtholz, Petra; Taffertshofer, Andreas (Hg.) (2009): *Handbuch Methoden der Organisationsforschung.* Wiesbaden: VS Verlag für Sozialwissenschaften.

Englische Fassungen werden zu allen diesen Beiträgen entstehen oder sind bereits entstanden. Unveröffentlichte Vorfassungen können unter quickborn@metaplan.com angefordert werden.